阳春白雪落人间

读懂 小古文
爱上大语文

琬如 —— 编著

石油工业出版社

图书在版编目（CIP）数据

阳春白雪落人间：明清古文 / 琬如编著 . —北京：石油工业出版社，2022.6

（读懂小古文，爱上大语文）

ISBN 978-7-5183-5309-5

Ⅰ.①阳… Ⅱ.①琬… Ⅲ.①文言文 – 中小学 – 教学参考资料 Ⅳ.①G634.303

中国版本图书馆CIP数据核字（2022）第052397号

读懂小古文 爱上大语文

阳春白雪落人间……明清古文

策划编辑：王　昕　黄晓林	装帧设计：何冬宁
责任编辑：杨建君	美术编辑：王道琴
责任校对：郭京平	图片提供：站酷海洛
特邀编辑：王玉敏	封面绘制：狼仔图文

出版发行：石油工业出版社

（北京安定门外安华里2区1号　100011）

网　　　址：www.petropub.com

编　辑　部：（010）64523616　64252031

图书营销中心：（010）64523731　64523633

经　　　销：全国新华书店

印　　　刷：河北京平诚乾印刷有限公司

2022年6月第1版　2022年6月第1次印刷

710×1000毫米　开本：1/16　印张：10

字数：130千字

定　　价：38.00元

（如出现印刷质量问题，我社图书营销中心负责调换）

版权所有，翻印必究

前言

读懂小古文 爱上大语文

古文,是根植于中国人灵魂深处的一种浪漫而优雅的语言。

2020年年初,新冠肺炎疫情暴发,各地紧急驰援武汉。一批来自日本汉语水平考试事务所的援助物资"刷屏"各大网站,物资的外包装箱上印着八个汉字——"山川异域,风月同天"。这是唐朝时日本国长屋王赠送给唐朝僧人的袈裟上绣的一句古文。人们感动于邻邦伸出援手之余,更被这句简短的古文深深触动——她仿佛饱含着我们最钟情的审美,融汇起浓浓的暖意,如此地直入心田!"岂曰无衣,与子同裳""青山一道同云雨,明月何曾是两乡"等越来越多的古文词句出现在援助物资上,凝聚起无数人的祝福与情感寄托。此时此刻,古文再一次展现了她独特而巨大的魅力。

简洁的古文何以有超越千言万语的力量?何以让海北天南的人齐齐地怦然心动?

首先是她让我们感到熟悉而亲切。作为我们民族的母语,汉语言几千年传承下来,语言的结构章法大体未变,一直以古文的形式存在。无论时代如何演变,汉语万变不离其宗。不论先秦诸子的之乎者也、两汉骚客的辞赋骈俪、唐宋大家的诗词文论、明清文人的小说杂文,都是古文主干上长出的枝杈、开出的繁花。所

以即便跨越千年，人们仍可以对"千里之行，始于足下"一望而知意，仍然会想起"窈窕淑女，君子好逑"而产生共情。古文在千百年间早已融入中国人生活和灵魂深处，当我们最需要情感倾诉的时候，古文往往会脱口而出。

其次是她传递给我们以永恒的情感。千古传诵的古文，都是那个时代最杰出的文字，都凝练了作者最浓烈的情感、最无与伦比的巧思。其间有伟人、先贤千锤百炼总结出的人生大道理，也有被历朝历代最机巧、最敏感的灵魂点破的小心思。孔孟的经典、老庄的哲思，到如今，多少人仍如此思考、如此践行；李杜的诗句、苏柳的名篇，到如今，多少人仍如此吟诵、如此遣怀。蒲松龄的《促织》让你不禁拍案称奇，而百年来多少人读到此篇也曾有过相同的感慨和动作；林觉民垂泪写下《与妻书》，而我们读来又何尝不泪湿双眼……正因为她汇聚了共同的情感，才有了穿越时空的能量。

最后，古文言简意赅，字字珠玑，所呈现的凝练之美是非常令人震撼的。古文中短短数言即可向我们展示一幅绝美的风景长卷或一个精彩的故事场景，如王勃的《滕王阁序》中"落霞与孤鹜齐飞，秋水共长天一色"，十四个字便描绘出在滕王阁上远眺赣江风光的壮丽图景，秋色、黄昏、飞鸟、长天融为一体，这样的景象，如果换作白话文来描述，只怕是要写上一篇千字散文才能尽兴。古文寥落几笔的美感与质感，恰似茗茶，初入口略感苦涩，却有绵长的回味，又如同曲径通幽，绝不能一览无余，言尽而意未尽。其中蕴藏了深远的意境，饱含了厚重的情感，浸润了幽邃的哲思，值得我们后人细细品读、玩味。

本套丛书共6卷，包括《追忆群星闪耀时：先秦古文·上卷》《千古绝唱，万世不息：先秦古文·下卷》《锦绣文章的华丽风行：两汉魏晋南北朝古文》《盛世华章，文以载道：隋唐古文》《思辨在左，文学在右：宋代古文》《阳春白雪落人间：明清古文》，选取的古文名篇皆具代表性，经典传颂才能证明有最大的共情点与认同度。全套丛书约300篇古文，涵盖中小学教材中出现的大部分古文篇章，并进行了篇目和篇幅的拓展。同时，结合时代、作者、背景等多角度的辅助解读，最大限度还原文章写作的时代感和作者的写作情境，让今天的我们更加身临其境，浸入式地品赏作品。

更重要的是，我们在构思这套丛书时坚持一个主旨，那就是将文史相融，以朝代为经线，文体和题材为纬线，尽可能全面地囊括古文文采精华的"各大门派"，展现古文灿烂成就之大观。希望这套丛书能成为你开启古文阅读兴趣的钥匙，成为你涵养情操、增广见闻的向导，成为你通达世情、共情古今的纽带，更能成为你提高古文阅读和语文功底的牢固基石。

让我们一起穿过千年的岁月，去感受古文所构筑的那个宏大而又奇趣无穷的世界吧！

目录

复古与创新并存的明朝散文 …… 1

· 宋濂：从放羊娃到帝师的逆袭 ·

送东阳马生序……………… 6
束氏狸狌…………………… 11
阅江楼记…………………… 14

· 刘基：大明开国文臣第一人 ·

卖柑者言…………………… 19
工之侨献琴………………… 23
楚人养狙…………………… 25

· 归有光：八次落榜终有成 ·

项脊轩志…………………… 27
沧浪亭记…………………… 33
寒花葬志…………………… 36

· 徐渭：世间少有的全能型艺术家 ·

评朱子论东坡文…………… 39
与马策之…………………… 42
答张太史…………………… 44

抄代集小序………………… 46

· 宗臣：针砭时弊的"后七子"之一 ·

报许性之…………………… 49

· 袁宏道：天赋异禀却英年早逝 ·

答梅客生…………………… 53
初至西湖记………………… 56
西湖………………………… 59
满井游记…………………… 62

· 钟惺：书香门第，为人严冷 ·

夏梅说……………………… 65
浣花溪记…………………… 68

· 王思任：因国破绝食而死 ·

游满井记…………………… 72
游敬亭山记………………… 76

· 魏学洢：天生好学，七岁能诗 ·

核舟记……………………… 79

· 张岱：锦衣少年，老来隐居 ·

自题小像…………………… 84
湖心亭看雪………………… 86

跋徐青藤小品画…………… 88
西湖七月半………………… 90

· 祁彪佳：少年有成终舍身成仁·
水明廊……………………… 94
妙赏亭……………………… 96

·《增广贤文》：中国文化名言
佳句汇编·
增广贤文（节选）………… 98

衰落中走向新生的清朝散文… 100

· 李渔：中国历史上第一位专业
作家·
黄杨………………………… 102
芙蕖………………………… 105

· 侯方域：才华满腹但壮志未酬·
李姬传……………………… 108

· 蒲松龄：志怪小说圣手·
促织………………………… 112
狼…………………………… 122

· 袁枚：文人中的美食家·
随园记……………………… 124
戏答陶怡云馈鸭…………… 129

· 纪昀：《四库全书》总编辑·
狼子野心…………………… 131
河中石兽…………………… 133

· 曾国藩：气度成就人生·
曾国藩家书名句三则（节选）… 138

· 龚自珍：书香门第，仕途不顺·
病梅馆记…………………… 140

· 梁启超：育有九子皆成才·
少年中国说（节选）……… 143

· 林觉民：黄花岗七十二烈士之一·
与妻书……………………… 145

★语文教材古文篇目索引…… 152

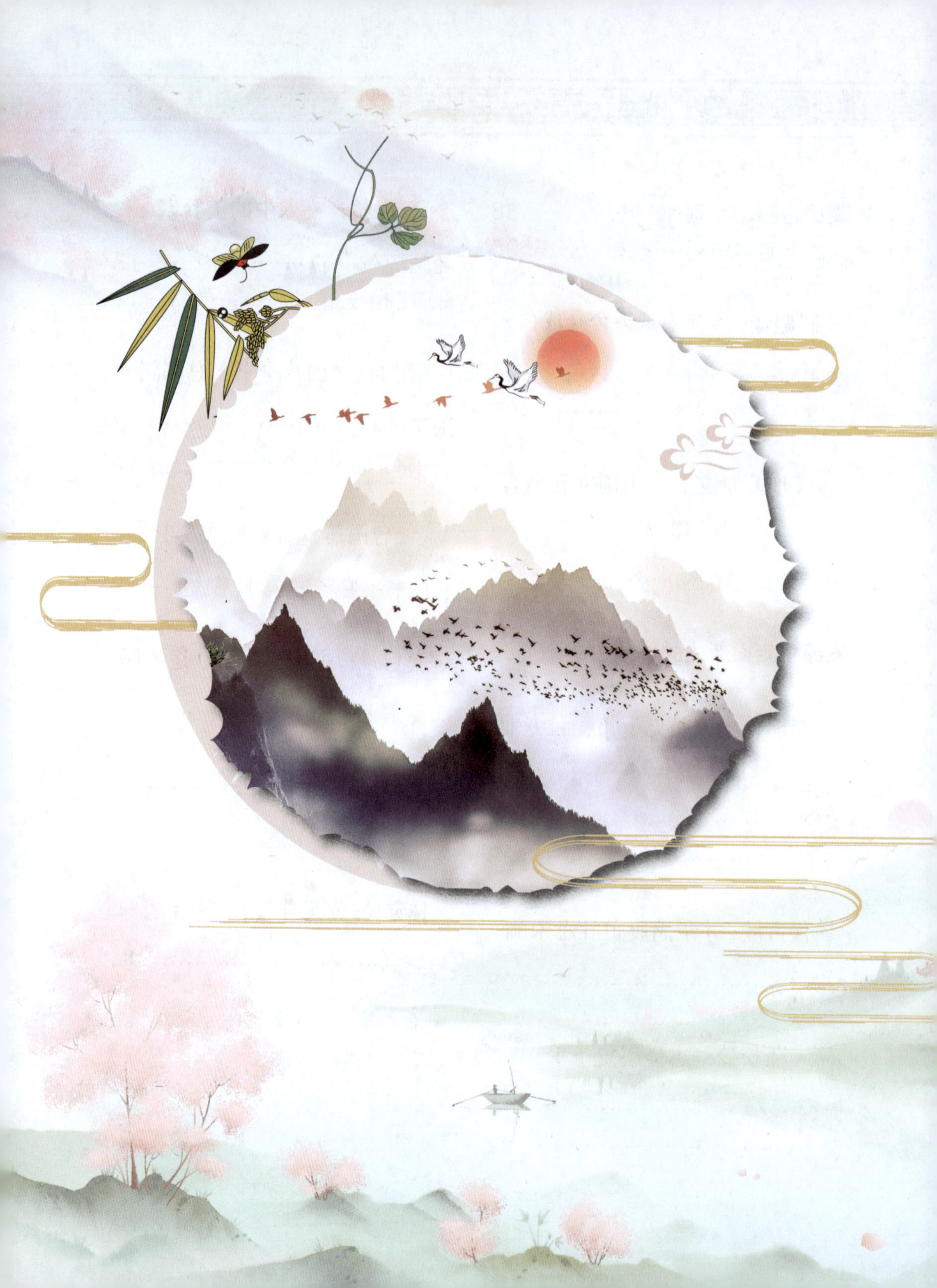

复古与创新并存的明朝散文

明朝散文的发展经历了几个阶段,从"台阁体"的空洞官样文章,到学习秦汉的矫枉过正,到"唐宋派"主张效法唐宋,再到"公安派"写出生动有趣的小品文,跌宕起伏,精彩纷呈。

开国文宗——"帝师"刘基与宋濂

元朝灭亡到明朝建立,期间经历了漫长的战乱,深刻地影响了这一时期的文学家与文学作品。明朝初年的散文,带有强烈而深刻的现实意义。刘基、宋濂是这一时期最为著名的文学家,二人共同被誉为"一代之宗"。他们经历了元朝末年的大战乱,又辅佐朱元璋推翻元朝统治,建立明朝。这段经历,使他们广泛深入地接触了社会现实,洞察到了尖锐的社会矛盾,所以能写出一些揭露现实问题的作品。宋濂的散文以传记文成就最高,刘基创作了很多短小而又深刻的寓言、杂文。二人的文章,既有文学性,也有思想性,在明朝初年有着重要地位。

台阁体——哄皇帝开心的官样文章

从朱元璋开始,明朝统治者想尽种种办法加强皇权,让自己的统治更加稳固。在思想文化上严格管控,读书人考试只能写"八股文",也就是文章必须按照固定格式写成八个部分,内容只能来自儒家"四书五经"。想自由发挥,对不起,不给你机会。读书人的智慧和才能受到限制,文章越写越空洞无聊,读起来干巴巴的。不像唐宋那样具有宽松自由的创作环境，所以也就很难出现像李白、杜甫、苏东坡那样的大文豪了。

文人们不敢再写思想深刻的现实主义作品，于是出现了粉饰太平、歌功颂德的"台阁体"，杨士奇、杨荣、杨溥是其代表人物。这三个人都担任内阁大学士的官职，所写的文章主要满足皇帝的要求，一般在官员们之间流传，被人们称为"台阁体"。写"台阁体"的官员们，都是高官厚禄，远离底层百姓，没胆量揭露社会矛盾，只想哄皇帝开心，写的都是应酬捧场、消遣娱乐、辞藻华丽、内容贫乏的官场文章，通过大唱赞歌来营造一个太平盛世，从而宣扬皇帝的威德。

复古派——一场声势浩大的"模仿秀"

面对庸俗、肤浅、空洞的"台阁体"文章，一些比较有思想的文学家感到不满，他们打出了"复古"的大旗，提倡写文章必须仿效秦汉，要写得质朴而有情趣。这一时期先后出现"前七子"和"后七子"文人群体。"前七子"以李梦阳为首，"后七子"以李攀龙为首。前后七子虽然出现时间不同，但是在复古的大方向上是一致的。

复古运动的兴起，有力冲击了"台阁体"文风。但是随着复古运动的发展，这些作家又复古过了头，轻视当下，一味学习古代，甚至为了模仿而模仿，拿着秦汉文章照猫画虎，结果画虎不成反类犬，变成一场可笑的"模仿秀"，没能写出有创新的好文章，复古陷入了死胡同。

唐宋派——以唐宋八大家为偶像

为了纠正"复古派"的缺点，"唐宋派"应运而生。为什么叫"唐宋派"呢？明代散文家茅坤编写了一本书，名字叫《唐宋八大家文钞》，这是"唐宋派"的"作文书"，我们现在所熟知的"唐宋八大家"称号就是从这本书里来的。唐宋八大家可以说是他们写作的榜样、心中的偶像，这个派别于是被称为"唐宋派"。

"唐宋派"其实也是认可复古的，但不同于"复古派"，"复古派"主张学习秦汉，而"唐宋派"主张学习唐宋，"唐宋派"反对"复古派"那种机械模仿，要求学唐宋文章的灵魂。归有光、茅坤等人是这一派的代表人物，他们的文章内容真实，自然流畅，情真意切。尤其是归有光，善于用朴素的文笔，写日常生活中的动人之处。

公安派——"我手写我心"与小品文的流行

　　继"唐宋派"之后激烈地反对"复古"的文人群体就是"公安派"，代表人物是袁宏道、袁宗道、袁中道兄弟三人，他们的祖籍是湖北公安县，因此称为"公安派"。他们反对复古，认为现代的人应该写现代的事，文章要书写个性，表达心灵感受，所写文章生动有趣，感情激烈奔放。

　　"公安派"的文章类型丰富，散文、游记、传记、日记等各种文体都有，不用刻意谋篇布局，许多都是随手写成，篇幅短小，富有情趣，别具特色。这就是后世称道的小品文。"公安派"是小品文的推动者。明朝晚期，小品文十分流行，徐渭、张岱都是小品文高手，写出了不少佳作。

前七子与后七子

　　明代中期主张复古的文学家，其中"前七子"成员有李梦阳、何景明、王九思、边贡、康海、徐祯卿、王廷相，"后七子"成员有李攀龙、王世贞、谢榛、吴国伦、宗臣、徐中行、梁有誉。

宋濂：从放羊娃到帝师的逆袭

宋濂是明朝的开国功臣，与刘基齐名。宋濂一生，与朱元璋有着不解之缘。他跟随朱元璋，在推翻元朝、消灭群雄的战争生涯中建功立业，也在政治的漩涡中不断沉浮，最终成为政治的牺牲品。

天命之年开始"创业"

宋濂出生于 1310 年，在元朝，这个"元人"却不肯为元朝服务，拒绝做官。宋濂认为元朝实行民族压迫，已经是一个腐朽没落的王朝，不值得自己为之卖命。51 岁这年，宋濂才加盟朱元璋团队，走上消灭群雄、推翻元朝统治的"创业"之路。

放羊娃的人生规划

宋濂是浙江金华人，出生在一个贫穷的家庭，母亲怀他七个月就早产了，他从小就体弱多病，几次病得差点夭折。小时候的宋濂跟小时候的朱元璋从事过同样的工作——放牧。不过，朱元璋放的是牛，而宋濂放的是羊。

穷人家的孩子也要做好人生规划。他的父亲认为宋濂身体弱，干农活怕是不行，经商也不是自家的特长，想来想去，还是走读书这条路吧，毕竟家里还藏着一些祖传的旧书。他为宋濂定下目标：至少精通一门经书。

异常艰苦的求学之路

宋濂六岁启蒙，悟性好，记忆力强，很快成为一名"学霸"，每天可以记诵两千字的古文。但是，宋濂上学是断断续续的，有时候是找不到老师，有时候是因为过于聪明没有老师能教他。

没有条件，就自己创造。书不够读，又没钱买，就去借，借到就赶紧抄录，抄完赶在约定归还的日期前还给人家。通过这种方法，宋濂得以遍览群书。看书总会遇到不懂的地方，没有辅导书可以参考，宋濂只好背着行囊，带着疑问，独自一人跋涉一百多里，去登门拜访名师，虚心求教，终有所成。宋濂学习的精神在他的《送东阳马生序》里有很好的体现。

后半生成为帝师和太子师

宋濂51岁这一年，人生迎来了转折点，33岁的朱元璋召见了宋濂，二人相见恨晚。中国历史上给皇帝做老师的人不少，给太子做老师的更多，但是给皇帝和太子同时做老师的人，那就屈指可数了。宋濂就是一位集"帝师"与"太子师"双重角色于一身的人。

明朝建立后，宋濂被公认为"开国文臣之首"，位高权重的他依然坚持读书做学问，诗词文章都是一流水平。他领导修撰了二十四史中的《元史》。另外，宋濂不忘为师者的初心，不忘自己小时候求学的艰难，给青年人创造条件，大力培养可造之才，比如方孝孺就是宋濂最为出色的学生。

最终含恨而死

在朱元璋看来，当年能帮自己打天下的人，也有能力夺走自己的天下。很不幸，宋濂恰好是朱元璋所担心的那批人中的一个。朱元璋接连发起政治运动，诛杀了一批人，宋濂的一个儿子、一个孙子被砍了头。在皇后、太子的苦苦求情下，朱元璋才留宋濂一命，将他发配到四川。宋濂无法承受这样的打击，在发配的路上含冤死去，享年72岁。

送东阳马生序

[明] 宋濂

小档案

出　　处：《宋文宪公全集》。
坐　　标：东阳，今属浙江。
主　　题：求学经历，勉励后辈。
文　　体：赠序。

余幼时即嗜学。家贫，无从致①书以观，每假借于藏书之家，手自笔录，计日以还。天大寒，砚冰坚，手指不可屈伸，弗之怠②。录毕，走送之，不敢稍逾约。以是③人多以书假余，余因得遍观群书。既加冠（guān）④，益慕圣贤之道。又患无硕师⑤名人与游，尝趋⑥百里外，从乡之先达执经叩问⑦。先达德隆望尊⑧，门人弟子填其室，未尝稍降辞色⑨。余立侍左右，援疑质理⑩，俯身倾耳以请；或遇其叱咄（chì duō）⑪，色愈恭，礼愈至，不敢出一言以复；俟（sì）⑫其欣悦，则又请焉。故余虽愚，卒获有所闻。

【注释】①[致]得到。②[弗之怠]即"弗怠之"，不懈怠，指不放松抄录书。③[以是]因此。④[既加冠]加冠之后，指已成年。古时男子二十岁举行加冠（束发戴帽）仪式，表示已经成年。后人常用"冠"或"加冠"表示年已二十。⑤[硕师]学问渊博的老师。⑥[趋]快步走。⑦[叩问]请教。⑧[德隆望尊]道德声望高。⑨[稍降辞色]把言辞和脸色略变得温和一些。稍，略微。辞色，言辞和脸色，指言语态度。⑩[援疑质理]提出疑难，询问道理。援，引、提出。质，询问。⑪[叱咄]训斥，呵责。⑫[俟]等待。

当余之从师也，负箧（qiè）曳屣（xǐ）①行深山巨谷中。穷冬②烈风，大雪深数尺，足肤皲（jūn）裂③而不知。至舍，四支④僵劲不能动，媵（yìng）人⑤持汤沃灌⑥，以衾（qīn）拥覆，久而乃和。寓逆旅，主人日再食（sì）⑦，无鲜肥滋味之享。同舍生皆被绮绣⑧，戴朱缨⑨宝饰之帽，腰白玉之环，左佩刀，右备容臭（xiù），烨（yè）然若神人；余则缊（yùn）袍敝衣⑩处其间，略无慕艳意，以中有足乐者，不知口体之奉不若人也。盖余之勤且艰若此。今虽耄（mào）老⑪，未有所成，犹幸预君子之列⑫，而承天子之宠光，缀⑬公卿之后，日侍坐备顾问，四海亦谬称其氏名⑭，况才之过于余者乎？

【注释】①[负箧曳屣]背着书箱，拖着鞋子。②[穷冬]深冬，隆冬。穷，极。③[皲裂]皮肤因寒冷干燥而开裂。④[四支]四肢。支，同"肢"。⑤[媵人]侍婢。这里泛指仆役。⑥[持汤沃灌]拿了热水来浇洗。汤，热水。沃，浇。⑦[寓逆旅，主人日再食]寄居在旅店，店主人每天供给两顿饭。逆旅，旅店。食，供养，给……吃。⑧[被绮绣]穿着华丽的丝绸衣服。被，同"披"。绮，有花纹或图案的丝织品。⑨[缨]系帽的带子。⑩[缊袍敝衣]破旧的衣服。缊，乱麻。敝，破。⑪[耄老]年老。⑫[预君子之列]意思是做了官。预，参与。君子，这里指有官位的人。⑬[缀]跟随。⑭[谬称其氏名]错误地称说我的姓名。这是自谦的说法。

今诸生学于太学，县官①日有廪（lǐn）稍②之供，父母岁有裘葛③之遗（wèi）④，无冻馁（něi）⑤之患矣；坐大厦之下而诵诗书，无奔走之劳矣；有司业、博士为之师，未有问而不告、求而不得者也；凡所宜有之书，皆集于此，不必若余之手录，假诸人而后见也。其业有不精、德有不成者，非天质之卑，则心不若余之专耳，岂他人之过哉！

【注释】①[县官]这里指朝廷。②[廪稍]公家按时供给的粮食。③[裘葛]冬天的皮衣和夏天的葛衣，泛指四季衣服。葛，多年生草本植物，茎皮可制葛布。④[遗]给予，赠送。⑤[馁]饥饿。

读懂 小古文 爱上 大语文

东阳马生君则，在太学已二年，流辈①甚称其贤。余朝京师②，生以乡人子谒（yè）余，撰长书以为贽（zhì），辞甚畅达。与之论辨，言和而色夷③。自谓少时用心于学甚劳，是可谓善学者矣。其将归见其亲也，余故道为学之难以告之。谓余勉乡人以学者，余之志也；诋我夸际遇之盛而骄乡人④者，岂知予者哉！

【注释】①[流辈]同辈。②[朝京师]这里指退休后进京朝见皇帝。③[言和而色夷]言辞谦和，脸色平易。④[夸际遇之盛而骄乡人]夸耀自己的际遇好（指得到皇帝的赏识重用）而在同乡面前表示骄傲。

译文

我年幼时就痴迷读书。但因家境贫寒，无书可读，

"太学"是什么学

"太学"是古代设立的国家最高学府和教育行政管理机构，明朝叫"国子监"。入国子监就读的学生要经过地方的选拔举送，入学后须先读低级班，时间为一年半，考试通过后升中级班，再读一年半，经考核"经史兼通，文理俱优"者可升入高级班，高级班的考试采用积分制，按月考试，一年积满八分为及格，之后就可以成为候补官员。

就常向藏书的人家求借，亲手抄录，计算着约定日期按时送还。冬天很冷，砚台里的墨汁都冻成冰，手指也冻得不能弯曲和伸直，即便这样我读书也不放松。抄录完毕后，马上跑去还书，不敢稍微超过约定的期限。因此有很多人都愿意把书借给我，于是我能够阅览各种书籍。成年以后，我更加仰慕古代圣贤的学说。又苦于不能与学识渊博的老师、名人交往，曾经赶到百里以外，拿着经书向乡里有道德、有学问的前辈请教。前辈道德声望很高，门人弟子挤满了他的屋子，他的言辞和脸色从未稍微温和一点。我站着陪侍在他左右，提出疑难，询问道理，俯下身子，侧着耳朵请教；有时遇到他训斥，我的表情更加恭顺，礼节更加周到，不敢说一个字为自己辩解；等到他高兴了，就又去请教。因此我虽然愚笨，但最终有不少收获。

当我离家外出从师求学时，背着书箱，拖着鞋子，走在深山大谷之中。隆冬时节，寒风猛烈，雪有好几尺深，脚上的皮肤冻得裂了口都不知道。回到客舍，四肢冻得僵硬不能动。仆役拿热水为我冲洗，用被子裹着我的身体，很久才暖和起来。寄居在旅店，老板每天只供应两顿饭，没有新鲜肥嫩的食物可吃。同住的人都穿着华丽的丝绸衣服，戴着用红色帽带和珠宝装饰的帽子，腰间挂着白玉环，左边佩着宝刀，右边挂着香袋，光彩照人，像神仙一样；我却穿着破袄旧衫处在他们中间，但我没有羡慕之心，因为心中有令自己快乐的事情，不觉得吃穿不如别人。我求学的勤奋和艰苦大概就是这个样子。如今我虽已年老，没有什么成就，但还是很幸运地置身于君子的行列中，承受着天子的恩宠，跟随在公卿之后，每天在皇帝身旁陪侍，听候询问，天下的人也过于称颂我的姓名，更何况那些才能超过我的人呢？

现在的太学生们在太学中学习，朝廷每天供给膳食，父母每年都提供冬天的皮衣和夏天的葛衣，没有冻饿的忧愁了；坐在宽大的屋子下诵读诗书，没有奔走的劳苦了；有司业和博士当他们的老师，没有询问而不告诉、求教而无所收获的情况了；凡是应该具备的书籍，都集中在这里，不必再

读懂 小古文 爱上 大语文

像我那样用手抄写，向别人求借后才能阅览。他们当中如果有学业不精通、品德未养成的，如果不是天赋、资质低下，那么就必定是不像我那么用心和专一，难道可以说是别人的过错吗！

东阳县的太学生马君则，在太学中已学习两年了，同辈人很称赞他的德行。我到京师朝见皇帝时，马生以同乡晚辈的身份拜见我，写了一封长信作为礼物，文辞很顺畅通达。同他论辩，言语谦和而脸色平易。他自己说少年时对于学习很用心、很刻苦，这可以说是善于学习的人吧！他将要回家拜见父母，我专门将自己求学的艰难告诉他。如果有人说我这是勉励同乡后辈努力学习，则是我的志向；如果诋毁我夸耀自己际遇好而在同乡前骄傲，难道是了解我的人吗？

欣赏文言之美

这是宋濂送给自己的同乡后辈马君则的一篇赠序，为鼓励后辈专心学习而写。文章以过来人的身份，通过写自己求学时的艰苦与努力，勉励年轻一代专心向学。文章最大的特色，是通过生动的事例来表现自己条件的艰苦、求学的艰难。抄书还书、百里求教、身体冻僵、破袄旧衫，每件事看似很小，却很真实，十分感人，让读者如临其境，能够体会到作者当时所处的艰难环境，又同时通过条件的艰苦，映衬出作者刻苦学习的态度和坚忍不拔的毅力。作者只写自己求学的"苦"是不够的，他最后使用对比的手法，描述了后辈学生学习条件的优渥，衣食住行、师资典籍都十分有保障，和自己当年形成鲜明对比，很有说服力，以此语重心长地告诫青年学生：要珍惜学习机会，刻苦努力，必定会学有所获。

束氏狸狌

[明]宋濂

小·档案

出　　处：《宋文宪公全集》。
文　　体：寓言。

卫人束氏，举世之物，咸无所好，唯好畜狸狌（shēng）①。狸狌，捕鼠兽也。畜至百余，家东西之鼠捕且尽。狸狌无所食，饥而嗥。束氏日市肉啖之。狸狌生子若②孙，以啖肉故，竟不知世之有鼠；但饥则嗥，嗥则得肉食，食已与与（yú yú）如③也，熙熙如④也。

【注释】①[狸狌]另一种说法是"狸鼪（shēng）"，即野猫。②[若]与，和。③[与与如]走路安乐舒适的样子。如，同"然"。④[熙熙如]和悦快乐的样子。

南郭有士病鼠，鼠群行，有堕瓮者，急从束氏假①狸狌以去。狸狌见

鼠双耳耸,眼突露如漆,赤鬣(liè)②,又碟碟(zhé zhé)然③,意为异物也,沿鼠行不敢下。士怒,推入之。狸狌怖甚,对之大嗥。久之,鼠度其无他技,啮其足,狸狌奋掷而出。

【注释】①[假]借。②[赤鬣]红色的颈毛,此指鼠须。③[碟碟然]形容老鼠吱吱的叫声。

译文

卫国有个姓束的人,世上的事物他都不喜欢,唯一爱好的就是养野猫。野猫,是捕捉老鼠的兽类。束氏养了一百多只野猫,家周围的老鼠被捕捉得快没有了。猫没有吃的,饿得嚎叫。于是束氏每天都到市场上买肉给它们吃。随着时间流逝,这些猫生了小猫,小猫又生了小猫。后来出生的猫由于一直吃肉,竟然不知道世界上有老鼠的存在。只要饿了,就会嚎叫,一嚎叫,主人就会给肉吃。吃饱后走路都十分安乐舒服,一副快乐无忧的样子。

城南有一个读书人家遭了鼠患,老鼠成群结队到处走动,因为太多太挤竟然有老鼠被挤掉到大缸里。这个读书人知道束家的猫多,急忙借了一只猫回去捉缸里的老鼠。束家的猫看着老鼠两只耳朵耸立着,瞪着漆黑的眼珠子,挺着红色的胡须,又吱吱叫个不停,竟然以为遇到了怪物,

薛瑄的《猫说》

明代文学家薛瑄(xuān)的《猫说》与《束氏狸狌》有异曲同工之妙。大意是:家中老鼠肆虐,于是主人养了一只猫,老鼠们见到这只拴着的猫很害怕。后来猫被解开绳子,老鼠们发现这只猫吃鸡,觉得有本事的猫也会有癖好。后来老鼠们经过试探,发现没有危险,原来这只猫只吃鸡,不吃老鼠。主人就把这只猫赶走了。

在缸沿上绕着走不敢跳下去。读书人很生气,一把把它推到缸里。猫十分恐惧,对着老鼠大声嚎叫。过了一段时间,老鼠意识到猫没有其他技能,只会嚎叫,就张嘴咬猫的脚。猫又疼又恐惧,奋力挣扎,从缸里跳出来逃跑了。

欣赏文言之美

这是一篇寓言。猫天生是具有捉老鼠的本领的,但是主人一味溺爱,使猫过上了养尊处优的生活,无须辛苦就能吃饱喝足,整日无忧无虑,没有了捕鼠的机会。尤其是新一代的猫,生活在这样悠闲懒散的环境中,已经彻底失去了捕捉老鼠的能力,甚至不知老鼠是何物,反被老鼠吓得落荒而逃,场面十分狼狈。寓言告诫我们:"忧劳可以兴国,逸豫可以亡身",一旦陷入养尊处优的生活,忘记之前的艰苦奋斗,人很快就会丧失强大的本领和存在的价值,最终被淘汰。

从写法来说,这篇短小的寓言有两大特色:一是善于细节描写,尤其是对于老鼠的描写,瞪着眼珠、挺着胡须、吱吱嘶叫,十分生动逼真;二是善用对比,猫饿了就嚎叫,主人就会用肉喂养,猫吃饱了一副懒洋洋的样子,面对老鼠却吓得恐惧大叫,最后竟然落荒而逃,非常可笑。前后形成鲜明对比,读起来十分滑稽、有趣。

阅江楼记

[明] 宋濂

小·档案

出　　处：《宋文宪公全集》。

坐　　标：阅江楼在今南京狮子山，明代开国皇帝朱元璋常在阅江楼游览。

主　　题：歌功颂德，劝勉君王。

文　　体：记文。

金陵①为帝王之州。自六朝迄于南唐②，类皆偏据一方，无以应山川之王气。逮我皇帝定鼎于兹，始足以当之。由是声教所暨，罔间朔南，存神穆清，与天同体。虽一豫③一游，亦思为天下后世法。

【注释】①[金陵]今江苏南京。②[六朝]指三国时的吴，后来的东晋，南朝时期的宋、齐、梁、陈，它们都曾建都金陵。[南唐]五代十国之一，也建都金陵。③[豫]巡游。

京城之西北有狮子山，自卢龙蜿蜒而来。长江如虹贯，蟠绕其下。上以其地雄胜，诏建楼于巅，与民同游观之乐，遂锡嘉名为"阅江"云。登览之顷，万象森列，千载之秘，一旦轩露。岂非天造地设，以俟大一统之君，而开千万世之伟观者欤？当风日清美，法驾幸临，升其崇椒①，凭阑遥瞩，必悠然而动遐思。见江汉之朝宗，诸侯之述职，城池之高深，关陇（ài）②之严固，必曰："此朕栉风沐雨、战胜攻取之所致也。"中夏之广，益思有以保之。见波涛之浩荡，风帆之上下，番舶接迹而来庭，蛮琛（chēn）③联肩而入贡，必曰："此朕德绥威服，覃④及内外之所及也。"四陲之远，益思所以柔之⑤。见两岸之间，四郊之上，耕人有炙肤皲（jūn）⑥

足之烦，农女有将（luō）桑行馌（yè）⁷之勤，必曰："此朕拔诸水火，而登于衽（rèn）席⁸者也。"万方之民，益思有以安之。触类而推，不一而足。臣知斯楼之建，皇上所以发舒精神，因物兴感，无不寓其致治之思，奚止阅夫长江而已哉！

【注释】①[椒]山顶。②[陒]同"隘"，险要的地方。③[琛]珍宝。④[覃]延长，延及。⑤[柔]安抚，动词。⑥[皲]皮肤因寒冷受冻而裂开。⑦[馌]给耕种者送饭。⑧[衽席]供躺卧的席子。

彼临春、结绮①，非不华矣；齐云、落星，非不高矣。不过乐管弦之淫响，藏燕赵之艳姬，一旋踵（zhǒng）②间而感慨系之，臣不知其为何说也。虽然，长江发源岷山，委蛇（yí）七千馀里而始入海，白涌碧翻，六朝之时，往往倚之为天堑。今则南北一家，视为安流，无所事乎战争矣。然则果谁之力欤？逢掖之士③，有登斯楼而阅斯江者，当思圣德如天，荡荡难名，与神禹疏凿之功同一罔极，忠君报上之心，其有不油然而兴者耶？臣不敏，奉旨撰记，故上推宵旰④图治之切者，勒诸贞珉⑤。他若留连光景之辞，皆略而不陈，惧亵也。

【注释】①[临春]南朝陈后主所建的楼阁。[结绮]陈后主为张贵妃建的楼阁，与临春阁一样均由沉香木筑成，毁于隋兵攻陷金陵时的大火。②[旋踵]转一下脚跟，形容十分迅速，时间短。③[逢掖之士]此代指读书人。逢掖，古代儒士所穿的宽袖衣服。④[宵旰]宵衣旰食的简称。宵衣，指天未亮即穿衣起身；旰食，忙于事务而不能按时吃饭。⑤[贞珉]对碑石的美称。

译文

　　金陵是帝王居住的地方。从六朝到南唐，政权大抵都割据一方，无法与山川间所蕴含的帝王之气相应合。直到我大明皇帝在这里建都，才和这里山川间的帝王之气相应和。从此，政令的声威、民风的教化施及全国，从极北的北方到最南的海疆都无所阻隔；涵养精神，肃穆清平，与天道融为一体。即使是一次简单的巡游娱乐，也足以成为天下后世效法的榜样。

　　京城的西北方，有一座狮子山，从卢龙山弯弯曲曲地延伸至此。长江如同虹霓降临，曲折地盘绕在山脚下。皇上因为这里江山气势雄伟壮丽，诏令在群山之巅建造高楼，以便和百姓同享游览观赏的乐趣，于是就赐给此楼一个美好的名字"阅江"。登临阅江楼观赏的时候，万千景象次第罗列，千载的奥秘一下子豁然显露。这不就是天地间早已安排好，以等待那一统天下的君王，从而展现出千秋万代雄伟壮观的景象吗？当风和日丽的时候，皇上前来观览，登上山巅，凭栏远眺，必定神情悠悠而启动遐想。看到长江、汉江的流水滔滔东去，诸侯赴京禀奏政事，高深的城池，严密稳固的关隘，必定会感慨说："这是我栉风沐雨，战胜强敌、攻城取地所获得的啊。"眼里看到广阔的中华大地，心里更想着要怎样来保全它。看见波涛浩荡起伏，帆船上

下颠簸,外国船只相继前来朝见,四方珍宝争相进贡,必定会说:"这是我用恩德安抚、以威力镇服,声望延及内外所达到的啊。"对于四方僻远边陲,就会更加设法安抚他们。看见大江两岸之间、四郊田野之上,耕作的农夫有烈日烘烤皮肤、寒气冻裂脚趾的劳苦,农女有采桑送饭的辛勤,必定会说:"这是我拯救于水火之中,而安置于床席之上的人啊。"对于天下的百姓,更想着要让他们安居乐业。由看到这类现象而触发的感慨推及起来,真是不胜枚举。我知道这座楼的兴建,是皇上用来舒展自己抱负的,凭借景物来触发感慨,无不寄寓着他志在治理天下的思绪,这何止是在观赏长江的风景呢!

那临春阁、结绮阁,确实华美;齐云楼、落星楼,也确实高大。但它们无非是为演奏淫奢的歌曲而感到快乐,或藏匿着燕赵的美女以供寻欢,转瞬之间便与无穷的感慨联结在一起了,我简直不知怎么来解释它们。虽然这样,长江发源于岷山,曲折蜿蜒地流经七千余里才流入海,波涛汹涌、碧浪翻腾,六朝的时候,往往视它为天然险阻。如今已是南北一家,长江

读懂 小古文 爱上 大语文

被看作是平安的河流，不再用于战争。然而这到底是谁的力量呢？读书人登上此楼观看长江，应当想到皇上的恩德有如苍天，浩浩荡荡难以形容，简直与大禹凿山疏水拯救万民的功绩一样无边无际。此时，忠君报国的心情，难道不会油然而生吗？我没有什么才能，奉皇上旨意撰写这篇记文。希望借此列述皇上日夜辛劳、励精图治的功业，铭刻在精美的石碑上。至于那些涉及风光美景的词句，就都略去不再陈说，就怕亵渎了天子建造此楼的本意！

欣赏文言之美

　　这篇文章是宋濂应皇帝朱元璋的要求而写的，可以说是一篇"命题作文"，免不了字里行间对皇帝的歌功颂德。但是依然结构严谨，谋篇布局富有层次感，整篇文章读起来气势磅礴。既表现了朱元璋的丰功伟绩，又巧妙地表达了作者的想法。

　　文章第一段打破前人的俗套，说前朝风雨飘摇，而本朝则国势强盛，与山川相应，既歌颂了朱元璋，又具有新意。第二段写阅江楼的兴建以及皇帝登上阅江楼览胜时的所见所想。作为一统天下的君王，他在阅江楼看到满眼的风景，想的是威服四方、志在天下。作者在这部分文字里既有粉饰，也有劝勉，思想得到了升华。第三段作者感慨历史上的山川分合，并用"宵旰图治"赞颂和劝勉大明皇帝。整篇文章写景、叙事和议论和谐自然，铺陈排比手法的运用也增强了文章的气势。

刘基：大明开国文臣第一人

刘基（1311—1375），字伯温，元末明初政治家、文学家，浙江青田县人。年轻时，在元朝参加科举考试，考中进士并当官。后来对元朝统治十分失望，辞官回乡，隐居写作。1360年，朱元璋在南京召见刘基。朱元璋对刘基的军事谋略很满意，让他留在身边作谋士，认为他是自己的"张良"。刘基定下"先消灭陈友谅，再攻破张士诚，最后北上扫平中原"的军事策略，大获成功，有力地帮助朱元璋平定天下、登上帝位。刘基也成为开国功臣，被誉为"开国文臣第一"。明朝建立之后，朱元璋统治日益严酷，对元勋功臣也开始不信任。刘基多次劝谏朱元璋治国要"宽容"，君臣二人之间出现裂痕。为了避祸，刘基申请退休回到老家。后被丞相胡惟庸等人陷害，刘基到南京谢罪，此时他年老体弱，疾病缠身，自京师返乡后，因病去世，享年65岁。

卖柑者言

[明] 刘基

小·档案

出　　处：《诚意伯文集》。
写作背景：元末社会千疮百孔，岌岌可危，刘基作此文以讽刺世事。
成　　语：金玉其外，败絮其中。
文　　体：寓言。

杭有卖果者，善藏柑，涉寒暑不溃。出之烨然，玉质而金色。置于市，贾十倍，人争鬻（yù）①之。予贸得其一，剖之，如有烟扑口鼻，视其中，则干若败絮。予怪而问之曰:"若所市于人者,将以实笾(biān)豆②,奉祭祀,供宾客乎?将衒(xuàn)外以惑愚瞽(gǔ)也?甚矣哉为欺也!"

【注释】①[鬻]原义为"卖",此处为"买"。②[笾豆]古代祭祀和宴会时用以盛食物的容器。笾用竹子制成,豆用木或陶、铜制造。

卖者笑曰:"吾业是有年矣。吾赖是以食吾躯。吾售之,人取之,未尝有言,而独不足子所乎?世之为欺者不寡矣,而独我也乎?吾子未之思也。"

"今夫佩虎符、坐皋比(pí)①者,洸洸(guāng)乎干城之具②也,果能授孙、吴③之略耶?峨大冠、拖长绅者,昂昂乎庙堂之器也,果能建伊、皋④之业耶?盗起而不知御,民困而不知救,吏奸而不知禁,法斁(dù)⑤而不知理,坐縻廪粟而不知耻。观其坐高堂,骑大马,醉醇醲(nóng)而饫(yù)⑥肥鲜者,孰不巍巍乎可畏,赫赫乎可象也?又何往而不金玉其外、败絮其中也哉!今子是之不察,而以察吾柑!"

【注释】①[虎符]古代调兵遣将时所用的虎形兵符。[皋比]虎皮,此指虎皮做的坐褥。②[洸洸]威武的样子。《诗·大雅·江汉》:"武夫洸洸。"[干城]盾牌和城墙,比喻捍卫者。《诗·周南·兔罝》:"赳赳武夫,公侯干城。"[具]此指人才。③[孙、吴]孙武和吴起,春秋、战国时的兵法家。④[伊、皋]伊尹和皋陶。伊尹,商汤时期的贤相。皋陶,舜时期掌刑法的官。⑤[斁]败坏。⑥[醇醲]味美的烈酒。[饫]饱食。

予默然无以应。退而思其言,类东方生①滑稽之流。岂其愤世疾邪者耶?而托于柑以讽耶?

【注释】①[东方生]指东方朔。东方朔在汉武帝时曾任太中大夫,他能言善辩、诙谐多智,《汉书·东方朔传赞》称东方朔为"滑稽之雄"。

译文

杭州有个卖水果的人，特别擅长贮藏柑橘，能把柑橘从寒冬储存到盛夏也不坏，拿出来依然光鲜亮泽，玉石般的质地、金黄的颜色。拿到市场去卖，价格是别人的十倍，人们还争先恐后前来购买。我好不容易抢购到一个柑橘，打开它，感觉有股白烟呛人的口鼻，看柑橘里面，已经干瘪得像破败的棉絮。我生气地去质问卖柑橘的人："你卖给人家的柑橘，是打算让人家用来装在笾豆（盛祭品的容器）中，拿来祭祀祖先、招待宾客的吗？只能看不能吃，只有光鲜亮丽的外表，你是要用这样的外表来迷惑愚笨、盲目的人吗？你这样欺骗人的行为实在是太过分了！"

卖柑橘的人笑着说："我做这个行当已经好多年了。我靠这个来养活自己。我卖，别人买，从来没人抱怨什么，只有你不满意啊。这个世道，靠欺诈为生的人不少，难道骗你的就只有我吗？你没有好好思考这个问题哦。

"现在佩戴虎形兵符、坐在虎皮褥子上的人，威武雄壮，看上去是捍卫领土的国之栋梁，但是他们真的有孙武、吴起的雄才大略吗？戴着高高的帽子、拖着长腰带的文臣，器宇轩昂的样子很像国家的栋梁之材，他们果真能够建立像伊尹、皋陶这样千古贤相的业绩吗？盗贼四起却不懂得去抵御盗贼，百姓困苦却不能及时伸出援助之手，官吏不遵守法纪却不懂得去制止，法纪败坏却不懂得靠法律去治理，只会奢靡地浪费粮食却没有羞耻之心。看着那些居于庙堂之高、地位显赫、骑着高头大马、畅饮美酒佳肴的人，哪一个不是威风八面，让人望而生畏，气势显赫而不可一世？又哪一个不是金玉其外、败絮其中的呢！你却看不到这些，只抓住我的柑橘不放！"

我沉默无言以对。回来后再三思量斟酌他说的话，觉得他像是东方朔那样诙谐多讽、机智善辩的哲人。难道他是对现在黑暗的社会表示激愤不满的人吗？因而假借柑橘用来讽刺吗？

欣赏文言之美

这篇文章写于刘基归隐之前，此时正处于元末，百姓生活艰难，各地叛乱四起，统治者却纵情享乐，这样的统治自然是难以为继的。刘基感到悲愤异常，他通过一问一答的形式，塑造了玩世不恭、看破世情的卖柑橘的人的形象，借这个人物，通过一连串的反问和排比，倾泻自己满腔的愤世之情。这样的表达方式，使文章气势如虹，让人读来回味无穷。这篇文章设计巧妙，通过问答中语气的细微差别来展现人物的特点，"我"的不解，"卖柑者"的圆滑尖酸，跃然纸上。文章最后几个反问句，意在提醒读者本文旨在愤世嫉俗，托柑以讽，表现了作者对当时社会的担忧。

金玉其外，败絮其中

这个成语出自刘基的《卖柑者言》，形容外表像金玉般华美，而内部却像破败的棉絮一样糟糕，常用来讽刺那些表面看着光鲜亮丽其实内心污浊的人。刘基用这个词语不是批评一般的世态，而是指身居庙堂却尸位素餐的官员们，讽刺这些人竟然受到重用。

工之侨献琴

[明] 刘基

小·档案

出　　处：《郁离子》。
主　　题：贵古贱今，以假乱真。
文　　体：寓言。

　　工之侨得良桐焉，斫而为琴，弦而鼓之，金声而玉应，自以为天下之美也。献之太常[①]，使国工视之，曰："弗古。"还之。工之侨以归，谋诸漆工，作断纹焉；又谋诸篆（zhuàn）工，作古款焉；匣而埋诸土，期（jī）年[②]出之，抱以适市。贵人过而见之，易之以百金。献诸朝，乐官传视，皆曰："希世之珍也。"工之侨闻之，叹曰："悲哉世也！岂独一琴哉，莫不然矣。而不早图之，其与亡矣！"遂去，入于宕冥[③]之山，不知其所终。

【注释】①[太常]官名，主管宗庙、礼乐等事，汉为九卿之一。
②[期年]一周年。
③[宕冥]幽深昏暗。

译文

　　工之侨得到一块上好的桐木，砍来做成了一张琴。装上琴弦弹奏它，琴声好像击打金属而玉石应和般悦耳动听。他认为这就是天下最好的琴了。于是把琴献给掌管礼乐的官员，官员让国家的御用乐师来鉴定这张琴。乐师说："不是古琴。"便把琴退了回来。工之侨带着琴回到家，和漆匠商量，在琴上刻意描绘出裂纹；又跟雕刻的工人商量，在琴上刻古时的文字；他把琴装在匣子里埋在泥土中，过了一年才挖出来，抱到市场上叫卖。恰好有位贵人路过市场看到了，觉得很珍贵，于是就用百金买了下来。后来进献给了朝廷，满朝的乐官互相传着欣赏，都说："这是世上难寻的珍贵宝物。"工之侨听说了这件事情，叹息着说："这个世道真是令人悲哀啊！难道只是一张琴有这种遭遇吗，都是这样啊！我若不早点为自己打算，就要和这个世道一起走向灭亡了！"说完这些，工之侨就离开了，他隐居在幽深昏暗的深山里，没有人知道他最终去哪儿了。

欣赏文言之美

这是一篇寓言故事。所谓寓言故事，就是要设计一个简短的小故事来说明一个道理或者表达自己的情感。本文短短一百四十余字，通过描写工之侨献琴却被退回、仿古造假后反而大受追捧之事，含蓄地表达了作者对当时社会弄虚作假习气的嘲讽和鄙弃，并委婉地告诉读者，在这样黑暗的社会，人才得不到重用，没有用武之地的人只能选择归隐山林了却此生。

作者用平淡的语调如实地描写了琴被改造的过程，披上一张"古"皮，琴就是稀世珍宝，讽刺了当时人们不顾事实，只是盲目追古的现象。通过这张琴前后的境遇以及乐官的前后态度对比，生动详明地告诉我们在追求弄虚作假的时代，有才能的人得不到重用，只能无奈地退居山林的惨痛现实，引发读者无限的思考。

楚人养狙

[明] 刘基

小档案

出　处：《郁离子》。
文　体：寓言。

楚有养狙（jū）①以为生者，楚人谓之狙公。旦日，必部分②众狙于庭，使老狙率以之山中，求草木之实，赋什一以自奉。或不给，则加鞭棰焉。群狙皆畏苦之，弗敢违也。

【注释】①[狙] 猕猴。②[部分] 部署，分派。

一日有小狙谓众狙曰："山之果，公所树与？"曰："否也，天生也。"曰："非公不得而取与？"曰："否也，皆得而取也。"曰："然则吾何假于彼，而为之役乎？"言未既，众狙皆寤。其夕相与伺狙公之寝，破栅毁柙，取其积，相携而入于林中不复归。狙公卒馁而死。

郁离子曰："世有以术使民而无道揆（kuí）①者，其如狙公乎！惟其昏而未觉也。一旦有开之，其术穷矣。"

【注释】①[道揆] 道德准则。

译文

楚国有个以养猴为生的人，大家都喊他"狙公"。每天一大早，他一定把猴子们聚集起来，在庭院中给猴子分派任务，命令老猴带猴子们去山中，采集各种草木的果实，然后抽取十分之一供自己享用。谁要是不交果实，就会被狙公鞭抽棍打。对他，猴子们都又怕又恨，可谁也不敢反抗。

有一天，有只小猴问众猴说："山上的果子，是狙公种的吗？"众猴说："不是呀，果子是天生的。"又问："没有狙公的同意我们不能去采吗？"众猴说："不是的，谁都能去采。"小猴又问："既然这样，那我们为什么要听从他并被他差使呢？"话还没有说完，猴子们全醒悟了。那天夜里，猴子们等狙公入睡之后，齐心合力，冲破兽笼，带上主人平日积存的果实，一起逃往山林，一去不复返。狙公最后活活饿死在家中。

郁离子说："凡是不按治国法度，而一味依靠权术奴役老百姓的君主，他就和狙公差不多。只因人民愚钝而尚未觉悟。一旦老百姓的思维开化，君主的权术马上就会黔驴技穷！"

欣赏文言之美

这是一则含有政治深意的寓言。刘基以猴子反抗主人的小故事，说明了一个重大的政治问题。面对统治者的种种剥削，老百姓往往安于现状，甘做奴隶，逆来顺受，妥协苟安。作者却振聋发聩地警告统治者：一旦百姓觉悟，便能与统治者彻底决裂，摆脱套在他们身上的枷锁，成为独立自主的强大力量，到时候统治者只能走向灭亡。

整篇寓言采用一问一答、层层递进的结构，在设问中质疑，在质疑中论辩，有事实，有分析，有论断，一层一层地展开严密的逻辑推理，大大地增强了论辩的力度和深度。透过众狙从混沌到觉醒、从觉醒到反抗的过程，把论辩的锋芒逐步伸向不合理的社会制度，并且使议论依托于形象，使议论带着强烈的感情色彩。从而深化了主题，强化了艺术的感染力。

归有光：八次落榜终有成

归有光（1507—1571），字熙甫，别号震川，明代苏州府昆山县（今江苏昆山）人。归有光家族几代都是读书人，他从小耳濡目染，聪明好学，很小就能背诵《孝经》。九岁开始写文章，十几岁已经学有所成，但可惜的是科举考试接连不顺，直到35岁才考中举人。没想到，更悲惨的是接下来的进士考试。连续考了八次，全部落榜。一次次打击，使归有光时不时悲观失望，但好在他坚持了下来。光来回考试的路途，就走了七万里。第九次赶考，终于考中了。这一年，归有光已经60岁，从青春少年熬成了白发老翁。就这样，归有光终于做了官。

归有光虽然在科举考试上耗费了大半辈子时光，但是他的文学才华并没有被消磨。他一边考试，一边进行散文写作。他以唐宋八大家为榜样，提倡写文章要内容真实，自然流畅，情真意切。归有光尤其善于用朴素的文笔，写日常生活中的动人之处，读来十分感人，代表作品是《项脊轩志》。

项脊轩志

[明]归有光

小·档案

出　　处：《震川先生集》。
坐　　标：项脊是地名，在太仓，今属江苏。
相似文章：《陋室铭》。

项脊轩，旧南阁子也。室仅方丈①，可容一人居。百年老屋，尘泥渗漉（lù），雨泽下注；每移案，顾视无可置者②。又北向，不能得日，日过午已昏。余稍为修葺,使不上漏。前③辟四窗,垣墙周庭,以当南日④,日影反照,室始洞然。又杂植兰桂竹木于庭,旧时栏楯(shǔn),亦遂增胜。借书满架,偃仰啸歌,冥然兀坐,万籁有声;而庭阶寂寂,小鸟时来啄食,人至不去。三五之夜⑤,明月半墙,桂影斑驳,风移影动,珊珊⑥可爱。

【注释】①[方丈]一丈见方。形容面积小。丈,长度单位,一丈等于十尺。②[无可置者]没有可以挪置(桌案)的地方。③[前]指阁子北面,因这阁子是"北向"的。④[垣墙周庭,以当南日]院子四周砌上墙,用(北墙)对着南边射来的日光(使其反照室内)。垣墙,用作动词,砌上垣墙。垣,矮墙,也泛指墙。⑤[三五之夜]农历每月十五的夜晚。⑥[珊珊]树影摇动的样子。

然余居于此,多可喜,亦多可悲。先是庭中通南北为一。迨(dài)诸父异爨(cuàn)①,内外多置小门墙,往往而是。东犬西吠,客逾庖而宴②,鸡栖于厅。庭中始为篱,已为墙,凡再变矣。家有老妪,尝居于此。妪,先大母③婢也,乳二世④,先妣抚之甚厚。室西连于中闺⑤,先妣尝一至。妪每谓余曰:"某所,而母立于兹。"妪又曰:"汝姊在吾怀,呱呱而泣;娘以指叩门扉曰:'儿寒乎?欲食乎?'吾从板外相为应答。"语未毕,余泣,妪亦泣。余自束发读书轩中,一日,大母过余曰:"吾儿,久不见若影,何竟日默默在此,大类⑥女郎也?"比去,以手阖(hé)⑦门,自语曰:"吾家读书久不效,儿之成,则可待乎!"顷之,持一象笏(hù)⑧至,曰:"此吾祖太常公⑨宣德间执此以朝,他日汝当用之!"瞻顾遗迹,如在昨日,令人长号不自禁。

【注释】①[迨诸父异爨]等到伯、叔分家。迨,等到。诸父,伯父、叔父的统称。

异爨，分灶做饭，意思是分家。②[逾庖而宴]越过厨房去吃饭。因为多置小门墙，所以宴客的时候客人要经过厨房。③[先大母]去世的祖母。下文的"先妣"，指去世的母亲。④[乳二世]给父亲和自己两代人喂过奶。乳，喂奶、哺育。⑤[中闺]内室。⑥[大类]很像。⑦[阖]关闭。⑧[象笏]象牙制的手板。古代品级较高的官员朝见君主时执笏，供指画和记事。笏多以象牙、玉制成。⑨[太常公]归有光祖母的祖父夏昶（chǎng），在明宣德年间曾任太常寺卿。

轩东故尝为厨，人往，从轩前过。余扃牖（jiōng yǒu）①而居，久之，能以足音辨人。轩凡四遭火，得不焚，殆有神护者。

【注释】①[扃牖]关上窗户。扃，关闭。

……

余既为此志①，后五年，吾妻来归②，时至轩中，从余问古事，或凭几学书。吾妻归宁③，述诸小妹语曰："闻姊家有阁子，且④何谓阁子也？"其后六年，吾妻死，室坏不修。其后二年，余久卧病无聊，乃使人复葺南阁子，其制稍异于前。然自后余多在外，不常居。

庭有枇杷树，吾妻死之年所手植也，今已亭亭如盖矣。

【注释】①[余既为此志]我已经作了这篇志。此志，指本篇中这一句之上的内容，从这一句以下是后来补写的。②[来归]指嫁到我家来。③[归宁]出嫁的女子回娘家省亲。④[且]助词，用于句首。这里有"那么"的意思。

译文

项脊轩，是原来的南阁楼。屋子内面积仅有一丈见方，只可以容得下一个人居住。百年历史的老屋子,屋顶墙上的泥土从孔隙中漏下来,下雨的时候雨水从上往下流;每每移动书案,环视四周都没有可以放置桌案的地方。屋子又是朝北向的,不能得到太阳光的照射,过了中午光线就很昏暗。我稍微做了修补,使屋顶上面不再渗漏泥土雨水。我在屋子前面开辟了四个窗口,围绕庭院砌上围墙,用来对着南面照射的阳光,日光反射,屋子内才变得明亮。又在庭院里错落地种植兰花、桂树、竹子等花草树木,往日的栏杆也增添了新的景致。借来的书摆满了书架,我俯仰之间大声吟唱文章诗赋,有时又默默地端坐着,聆听天地间万物发出的声响;庭院台阶静悄悄的,小鸟时不时飞来啄取食物,人走到跟前小鸟也不飞去。每逢农历十五的夜晚,明亮的月光照在半面墙壁上,桂树的影子错落相杂,风吹动树枝,树的影子也摇动起来,舒缓优美十分可爱。

　　然而我住在这里,有很多令人高兴的事,也有很多让人悲伤的事。原来庭院中间联通,南北是一体。等到伯父、叔父们分了家,院内外大多设置了小门,门墙到处都是。分家后,东家的狗朝着西家大叫,客人越过厨房去赴宴,鸡栖息在大厅里。庭院中最初是篱笆,后来又砌了墙,总共变了两次。家中有个老婆婆,曾经居住在这里。这位老婆婆是我去世的祖母的婢女,哺乳过两代人,母亲待她很好。屋子的西边连通到内室,已去世的母亲曾经到过这里。老婆婆每次都对我说:"这个位置,你母亲曾站在这里。"老婆婆又说:"你姐姐在我怀中,呱呱地哭泣;你母亲用手指敲着门板说:'孩子是冷了?还是想吃东西呢?'我在门板外面回答她的问话。"话还没有说完,我就哭起来,老婆婆也哭了。我从十五岁开始就在轩内读书,有一天,祖母到我这里来,说:"我的孩子,很久没看到你的身影了，为什么整天静静地待在这里？很像个女孩子呀。"她离开时，用手把门关上，自言自语地说："我们家读书人很久没有取得成效了，这孩子的成功，就指日可待了吧！"不一会儿，她拿着一个象牙笏板过来，说："这是我的祖父太常公宣德年间拿着上朝用的，将来有一天你一定会用到它！"瞻仰回顾旧日事物，就像发生在昨天一样，让人忍不住放声大哭。

项脊轩的东边曾经是厨房，人们到那里去必须从轩前经过。我关着窗子住在里面，时间长了，能够根据脚步声辨别是谁。项脊轩一共遭过四次火灾，能够不被焚毁，大概是有神灵在保护吧。

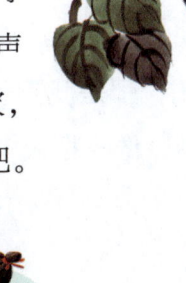

……

历时15年创此名篇

《项脊轩志》是归有光先后两次跨15年完成的传世名篇，其中前四段写于1524年，当时归有光才18岁，他通过对自己居住的项脊轩的变化和几件小事的描述，表达了对家人的怀念之情。在经历了妻死、数次考试失败等人生变故后，归有光在15年后的1539年又为这篇散文增添了补记，成了他的传世代表作。

读懂 小古文 爱上 大语文

　　我写了这篇文章后,过了五年,我的妻子嫁到我家。她时不时来到轩中,向我询问一些旧时的事情,有时候靠在几案上练习写字。我妻子回娘家,回来转述她小妹们的话说:"听说姐姐家有阁楼,那么问一句,什么是阁楼呢?"这之后六年,我的妻子就去世了,项脊轩破败了也没再修补过。又过了两年,我生病在床上躺了很久,无事可做很无聊,就安排人再次修缮南阁子,形制跟之前稍微有所不同。然而从那以后我大多都在外地,不常住这里。

　　庭院中长着枇杷树,那是我妻子去世那年亲手栽植的,如今已经高高挺立着,枝叶茂盛舒展,像一把大伞一样了。

欣赏文言之美

　　《项脊轩志》写的是一间百年老屋,作者借百年老屋的几经兴废,回忆亲人生前对自己的关怀,表达了对人亡物在、三世变迁的感慨。文章中所记的事情无非一些身边琐事,家中老妪跟他说亡母的旧事,母亲曾在何处站过、曾说过的话,就是这些平常的对话最能表达家人的情谊。"儿寒乎?欲食乎?"短短两句,惟妙惟肖地刻画出一个听到孩子的哭声而动了爱怜之心的年轻母亲的形象。作者很早就失去了母爱,老妪的这种追忆,无疑会引起他的伤心,而那位老妪既是祖母的婢女,又做过两代人的奶妈,通过老妪来追忆旧事,是文章的精妙之处。文章围绕"喜"和"悲"展开,志物怀人,悼亡念存,很能打动人心。尤其是那句"庭有枇杷树,吾妻死之年所手植也,今已亭亭如盖矣",通过枇杷树的成长追思亡妻,感人至深。

沧浪亭记

[明]归有光

小档案

出　　处：《震川先生集》。
坐　　标：江苏苏州。沧浪亭是江南地区现存最久远的园林之一。
文　　体：散文。

浮图文瑛[①]，居大云庵，环水，即苏子美[②]沧浪亭之地也。亟求余作《沧浪亭记》，曰："昔子美之记，记亭之胜也，请子记吾所以为亭者[③]。"

【注释】①[文瑛]和尚的号，生平不详。②[苏子美]名舜钦，字子美，北宋诗人，著有《苏学士文集》。曾建造沧浪亭，并自号沧浪翁。③[所以为亭者]建造此亭的原因。

余曰：昔吴越有国时，广陵王[①]镇吴中，治园于子城之西南，其外戚孙承佑，亦治园于其偏。迨淮海纳土，此园不废。苏子美始建沧浪亭，最后禅者居之，此沧浪亭为大云庵也。有庵以来二百年，文瑛寻古遗事，复子美之构于荒残灭没之余，此大云庵为沧浪亭也。夫古今之变，朝（cháo）市[②]改易。尝登姑苏之台[③]，望五湖之渺茫，群山之苍翠，太伯、虞仲[④]之所建，阖闾[⑤]、夫差之所争，子胥、种、蠡之所经营，今皆无有矣，庵与亭何为者哉？虽然，钱镠因乱攘（rǎng）[⑥]窃，保有吴越，国富兵强，垂及四世。

诸子姻戚，乘时奢僭，宫馆苑囿，极一时之盛。而子美之亭，乃为释子所钦重如此。可以见士之欲垂名于千载，不与其澌（sī）然⑦而俱尽者，则有在矣。

文瑛读书喜诗，与吾徒游，呼之为沧浪僧云。

【注释】①［广陵王］吴越王钱镠的儿子钱元璙。②［朝市］指朝廷和集市，这里比喻改朝换代。③［姑苏之台］在今江苏苏州西南的姑苏山上，春秋时吴王阖闾所建。④［太伯］周太王长子。［虞仲］周太王次子。传说周太王欲立幼子季历，太伯、虞仲便奔避江南，改从当地风俗，成为吴国的开创者。⑤［阖闾］春秋吴国君主，刺杀吴王僚后自立为王。⑥［攘］窃取，夺取。⑦［澌然］冰消解、融释的样子。

译文

文瑛和尚居住在大云庵，那里四周环水，是苏子美所建造的沧浪亭的旧址。文瑛多次请我写一篇《沧浪亭记》，说："过去苏子美的记文，写的是亭子的胜景，您就记下我修复这个亭子的缘由吧。"

我说：过去吴越国还在时，广陵王镇守吴中，他在内城的西南处修建

"沧浪"二字出处

"沧浪"二字，语出《孟子·离娄》中孔子听见的儿歌"沧浪之水清兮，可以濯吾缨"，后来被屈原《楚辞·渔父》引用，表现在政治黑暗时，不愿同流合污的隐居意味，可以说与历代亭主和归有光本人所追觅的精神境界是相吻合的。

了一个园林，他的外戚孙承佑也在旁边修了园林。到了吴越被宋国灭亡时，把淮南之地拱手送给宋国，这些园林也没有荒废。这时苏子美才修筑起沧浪亭，后来有些和尚居住在这里，在沧浪亭的遗址上修建庵堂，这样，沧浪亭就变成了大云庵。从建成大云庵到如今已有两百年的历史了。文瑛寻访亭子的遗迹，在残破的废墟上修复苏子美时的建筑，这样大云庵又变成了沧浪亭。历史变迁，朝代更替不可避免。我曾经登上姑苏台，眺望着浩渺的五湖和苍翠的群山，那太伯、虞仲建立的国家，阖闾、夫差争夺的势力，伍子胥和文种、范蠡所筹划的事业，现在都已经消失了，庵与亭子又算得了什么呢？虽然这样，钱镠趁着天下大乱窃取了权位，占有了吴越，国富兵强，延续了四代。他的子孙亲属乘机兴起，奢侈无度，修造的宫馆苑囿盛极一时，而子美的亭子，却被一个和尚如此重视。由此可见，士人想要千载垂名，不像冰块溶解一样和那些曾盛极一时的东西共同消失，是有原因存在的。

文瑛好读书并且特别喜欢作诗，常同我们交游，我们称他为"沧浪僧"。

欣赏文言之美

这篇文章是归有光应和尚文瑛的请求而写的，描述了沧浪亭的兴衰变迁，由园变成亭，由亭变成庵，最后又变成亭，充满古今对比的时空感。在写法上，文章记叙、议论、抒情相结合。前半部分主要记叙了文章的写作缘由，以及沧浪亭的历史更替；后半部分则转入议论，以一座亭子六百年的身世变化，联想到人世间的功名。又以亭子的演变，表达了对世事沧桑的感慨，并告诫世人：一切功名利禄都会在历史变迁中像过眼云烟一样消失，只有高尚的情操能穿越千年。

寒花葬志

[明] 归有光

小档案

出　处：《震川先生集》。
坐　标：虚丘，作者家乡苏州府昆山县（今江苏昆山）东南。
主　题：悼写婢女，兼忆爱妻。
文　体：回忆散文。

　　婢，魏孺人媵（yìng）也①。嘉靖丁酉②五月四日死。葬虚丘③。事我而不卒，命也夫！

【注释】①[魏孺人媵]魏孺人，作者的前妻，南京光禄寺典簿魏库的次女。孺人，明代七品职官母亲或妻子的封号，又通用为对妇女的尊称。此处即系尊称。作者写此文时，尚未中举。媵，陪嫁的婢女。②[嘉靖]明世宗朱厚熜年号。[丁酉]嘉靖十六年，即1537年。③[虚丘]地名。作者家乡苏州府昆山县东南有丘虚镇，二字或倒置。一说，"虚"同"墟"，"墟丘"即大丘，土山。

　　婢初媵时，年十岁，垂双鬟（huán），曳深绿布裳。一日天寒，爇（ruò）火煮荸荠熟，婢削之盈瓯，予入自外，取食之，婢持去不与。魏孺人笑之。孺人每令婢倚几旁饭，即饭，目眶冉冉动，孺人又指予以为笑。

　　回思是时，奄忽便已十年。吁！可悲也已！

译文

婢女寒花，是我的夫人魏孺人的陪嫁侍女，在嘉靖丁酉年五月初四这一天去世。死后埋葬在虚丘这个地方。她服侍我，没能服侍到底就去世了，只能说命中注定吧。她刚陪嫁到我家的时候，还是一个十岁的小丫头。头上扎着两个发髻，穿着很长的深绿布裙。有一天，天气非常寒冷，她烧火煮荸荠。煮熟后，用刀削荸荠的皮，削好的荸荠盛放了一盆。这时我正好从外边回来，看到后想拿一个荸荠尝尝，寒花端起盆子就跑开了，不让我吃。我夫人魏氏被她逗笑了。用餐时，夫人经常让寒花靠在几案上吃。她一边吃饭，一边眼珠子滴溜溜地转个不停。夫人忙指给我看，笑个不停。

现在回想这一幕幕，一晃已经是十年前的事情了。哎！实在令人伤心落泪啊！

欣赏文言之美

这篇散文非常短小，却十分生动形象，寥寥数笔就描写出了寒花这个小丫头的可爱伶俐，非常真实感人。文章有三大特色：一是"小"。从小处着手，只挑现实生活的小细节写，寒花的衣着打扮、削荸荠、转眼珠子，都是生活小事。二是"画"，文章充满了画面感。寒花把荸荠削好盛放在盆里，看见作者要吃就端着盆跑掉，吃饭时滴溜溜转眼珠子，这些画面感都很强，让人身临其境，仿佛就发生在自己的身边一样。三是"趣"。寒花端着盆跑掉、吃饭的时候转眼珠子，都生动、有趣极了，突出了寒花作为小孩子天真活泼的一面。读者和魏孺人一样，都会忍不住笑起来。此外，文章运用了反衬手法，以乐景衬哀情。这么有趣的小丫头，这么和谐温馨的生活画面，不过是作者脑子中的回忆罢了。

徐渭：世间少有的全能型艺术家

徐渭（1521—1593），字文长，号天池山人、青藤道士。明代绍兴府山阴（今浙江绍兴）人，文学家、书画家。出生在一个军人背景家庭，因此受到了军事方面的影响。小时候即表现出优秀的天资，8岁就能写文章。后来科举考试不顺利，屡试不中，索性放弃考试，全方位学习，吸收了心学、佛学知识，醉心于诗文、书画之中。37岁时，成为浙闽总督胡宗宪幕僚，参加抗击倭寇的斗争，发挥了出色的军事才能，深受器重。后来胡宗宪获罪入狱，徐渭失去靠山，名誉又遭受污损，精神受到极大刺激，从而引发狂疾，以至于产生轻生念头，多次自残。一次发病时，徐渭杀死妻子，被判死刑。在别人营救下，度过了6年的牢狱生活，后被释放。晚年的徐渭，沉迷山水、诗酒，却又穷困潦倒，家中所藏几千卷图书变卖殆尽。在画作的题词中，他调侃自己是"几间东倒西歪屋，一个南腔北调人"。

在中国历史上，徐渭是一个少见的全能型艺术家，在散文、杂剧、诗歌、书法、绘画等各个方面都很有成就。徐渭的自我评价是：书法排第一，诗歌排第二，文章排第三，绘画排第四。其实他的诗画书文很难分出胜负，各具千秋，各有特色。

评朱子论东坡文

[明]徐渭

> **小·档案**
>
> 出　　处：《徐渭集》。
> 主　　题：嬉笑怒骂，抨击朱熹，褒扬苏东坡。
> 文　　体：短评。

夫子不语怪①，亦未尝指之无怪。《史记》所称秦穆、赵简事，未可为无。文公②件件要中鹄（gǔ）③，把定执板④，只要人说他是个圣人，并无一些破绽，所以做别人者人人不中他意，世间事事不称他心，无过中必求有过，谷里拣米，米里拣虫，只是张汤、赵禹伎俩。此不解东坡深。吹毛求疵，苛刻之吏，无过中求有过，暗昧之吏。极有布置而了无布置痕迹者，东坡千古一人而已。朱老议论乃是盲者摸索，拗者品评，酷者苛断。

【注释】①[夫子]孔子，儒家学派开创者。[不语怪]《论语·述而》记载："子不语怪力乱神。"②[文公]指朱熹，南宋著名理学家。朱熹死后，谥号是"文"。③[中鹄]射中靶子，引申为准确。④[执板]笏板。

译文

　　孔夫子不谈论鬼怪故事，但是他也没说一定没有鬼怪。《史记》所记载的秦穆公、赵简子的故事，不一定都是虚假的。朱熹

读懂 小古文 爱上 大语文

要每件事都符合标准,再用这个标准去衡量,要别人说他是个圣人,一切都是对的、没有破绽的。所以在朱熹眼里,人人都不符合他的心意,人世间的事情件件都不称心满意。朱熹是在没有过错的地方挑出几个过错,就像非要在谷子里挑出米,在米里挑出虫子一样,这种做法就像汉代的酷吏张汤、赵禹那样,不过是故意挑错,罗织罪名罢了。这样一来,朱熹对苏东坡的理解就太不深刻了。一味吹毛求疵,是一个要求严苛的官吏,而在没有过错里找出过错,就是个昧着良心害人的官吏了。写文章最善于谋篇布局却不露痕迹的,千百年以来只有苏东坡一人而已。朱熹对苏东坡文章的议论,可以说是盲人摸象,固执的人讲的歪理,严酷者的苛责。

欣赏文言之美

从内容来看,这篇短文应该是徐渭在看书的时候,随手写出来的短评。先是各自独立的二节,后来合为一体,因此前后有重复拖沓的地方。短文针对的是朱熹对苏东坡的评价,作者对此很有意见,不吐不快。文章还带有一些口语化的词句。

批驳的主要有两点:一是朱熹认为苏东坡喜欢写怪异故事,是不对的。

徐渭反驳说孔子虽然不喜欢谈论鬼怪，但是也没说没有鬼怪。历史记载的秦穆公、赵简子的奇异故事，也不一定就毫无根据。朱熹只要是自己不认同的，就判定不对。这不过是给世人制定标准，符合朱熹喜好的就是对的，不符合他喜好的就是错的。朱熹也太霸道了吧，这简直是鸡蛋里边挑骨头——没事找事！二是朱熹认为苏东坡的文章不讲结构，没有章法。徐渭更是不赞同。在他看来，苏东坡是写文章最会谋篇布局的人，朱熹哪懂这个！

　　这篇短文，整体的气质是：快意恩仇，大声呐喊。它最大的价值不是文辞本身，而是在程朱理学禁锢人们思想的背景下，展现了徐渭对于精神独裁的反抗，对思想自由的追求，对朱熹理学的正统地位的不满。

徐渭故居

徐渭的故居青藤书屋在浙江绍兴，是一处具有园林特色的中国传统民居建筑，徐渭降生在这里，只不过徐渭出生的时候这里不叫青藤书屋，而叫"榴花书屋"。在徐渭的长兄徐淮去世后，家人卖掉了榴花书屋。后来，明末进士金兰在这里建学舍，并刻上"徐文长先生故里"，一直保存至今。

读懂 小古文 爱上 大语文

与马策之

[明]徐渭

小·档案

出　　处：《徐渭集》。
人　　物：马策之，徐渭的学生。
文　　体：书信。

　　发白齿摇矣，犹把一寸毛锥①，走数千里道，营营一冷坑②上，此与老牯（gǔ）跟跄以耕，拽犁不动，而泪渍肩疮者何异。噫，可悲也！每至菱笋候③，必兀坐神驰④，而尤摇摇⑤者，策之之所也。厨书幸为好收藏，归而尚健，当与吾子读之也。

【注释】①［寸毛锥］指毛笔。②［营营］往来不绝的样子，就像蚊虫飞来飞去。此处用以形容冷炕难耐而难以安静休息的状态。［冷坑］应当是"冷炕"。徐渭

晚年以画糊口，遍游北方，冬天睡在炕上。③ [菱笋候] 菱角和竹笋收获的时节。④ [兀坐神驰] 直挺挺坐着，驰骋想象。⑤ [摇摇] 神驰意往的样子。

译文

我的头发白了，牙齿松动了，手里还握着一支画笔，奔走了几千里远的路途，宿在北方冰冷的土炕上难以入眠。这与一头老牛步履蹒跚地耕地，拉不动犁，眼泪直流浸湿肩上的疮疤，有什么区别呢？哎，真是可悲啊！每年到了菱角、竹笋收获的时节，我必定会一个人枯坐着，心神已经飞驰到江南故乡。尤其让我心往神驰的地方，就是策之你所居住的那里。我那一书橱的书，希望你能好好收藏保存，回到家乡如果我身体还健康的话，一定会和老朋友你共读。

欣赏文言之美

马策之是徐渭的学生兼好友，也是一名书画家。他留在江南，看管着徐渭的书。这时的徐渭，遭遇了牢狱之灾，刚出狱不久。生活穷困潦倒，只能流落在北方，靠卖画为生。整篇书信，情绪上是很伤感的。就像腿脚不便的老牛，有一种拉不动犁的无助。一个老人，晚年背井离乡，最伤心的就是看不到家乡的一切。江南的菱角、竹笋，平常的物件，却能引发浓烈的乡愁。

这样的感情发自内心，毫无修饰，感人至深。信的最后，作者又从悲伤的情绪中抬起头来，振奋了精神——虽然现在悲苦，但还是心存希望。老友一定要保管好我的书。如果我能回到家乡，最想做的事就是和老友共读好书。徐渭告诉友人，自己虽然生活潦倒，但是意志并未完全消沉，还是怀着向上的精气神，对精神世界的追求没有改变。

43

答张太史

[明] 徐渭

小档案

出　　处：《徐渭集》。
人　　物：张太史，即张元忭，明代官员张天复的儿子。
文　　体：书信。

仆领赐至矣①。晨雪，酒与裘，对证药也。酒无破肚脏，罄当归瓮②；羔半臂，非褐夫常服③，寒退拟晒以归。西兴脚子④云："风在戴老爷家过夏，我家过冬。"一笑。

【注释】①[仆领赐至矣]我受到的恩赐太重了。②[罄当归瓮]等我喝完了，一定把酒瓮还回去。③[羔半臂，非褐夫所常服]羊羔皮制成的短袖皮袄，不是普通人所能经常穿的衣服。褐夫，穿粗布衣服的人，代指普通老百姓，这里指自己。④[西兴脚子]西兴，地名，浙江萧山的一个镇。脚子，帮人挑东西的脚夫。

译文

您赐赠给我的东西，太贵重了。早晨下雪，好酒与皮袄，真是抵御寒冷的"对症药"。酒是即使打开肠肚也找不回的赃物，等我喝完了，一定把酒瓮还回去。羊羔皮制成的短袖皮袄，不是像我这样的普通人所能经常

穿的衣服。严寒退去之后，我打算晒一晒再还给你。西兴这个地方的脚夫有句话说得好："风在戴老爷家过夏天，在我家里过冬天。"一笑。

欣赏文言之美

张太史张元忭本来是营救过徐渭的人，这时候又送酒和皮袄相助，徐渭理应感激才是，为什么他反而这般无理、嘲讽呢？因为张元忭是状元，走的是读书升官的道路，后来成了徐渭所厌恶的御用文人。张元忭拥有正统的封建思想，徐渭性格孤傲，狂放不羁，是离经叛道的"狂人""怪人"。两人在思想观念上已经分道扬镳，道不同不相为谋。

好玩的是，徐渭虽不乐意，却还是因为生活困难接受了酒与皮袄。拿了别人的馈赠，又不好意思不表示感谢，于是写出了这份"似受非受、似谢非谢"的回信。表面上在表达谢意，词句间却充满了调侃、嘲讽——酒可以喝，坛子还回；皮袄可以穿，天气暖和了也还回；连风也冬天折磨穷人，夏天讨好太史这样的富人。这种可气可笑的回应，颇有点黑色幽默，体现了徐渭性格上的"傲娇"。他想保持人格的孤傲，又不得不因为穷困潦倒而屈服。

张徐两家的恩怨

张天复是徐渭的同学，两家都是绍兴的富商。徐渭家比张天复家发达早一些，但衰落也快，到徐渭这一代已经没有做官的人了，而张天复的儿子张元忭是隆庆年间的状元，任翰林编修。徐渭入狱，张家曾伸出救援之手。这封信写在徐渭60岁，张徐两家地位已经悬殊，所以信里徐渭透出一股辛辣的傲气。

阳春白雪落人间：明清古文

抄代集小序

[明] 徐渭

> **小·档案**
>
> 出　　处：《徐渭集》。
> 写作背景：徐渭因狂病杀妻入狱，狱中整理文稿，将替别人写的文章编成册，名为《代集》。本文是为《代集》所作的序言。
> 主　　题：一身才华，沦为代写文章的替身。
> 文　　体：文集序言。

　　古人为文章，鲜有代人者。盖能文者非显则隐，显者贵，求之不得，况令其代；隐者高，得之无由，亦安能使之代？渭于文不幸若马耕耳，而处于不显不隐之间，故人得而代之，在渭亦不能避其代。又今制用时义①，以故业举得官者②，类③不为古文词，即有为之者，而其所送赠贺启之礼，乃百倍于古，其势不得不取诸代。而代者必士之微而非隐者也。故于代可以观人，可以考世④。

【注释】①［时义］当时科举考试采用的八股文。②［业举得官者］通过科举考试获得官职的人。③［类］大抵。④［考世］考察世情。

译文

　　古人写文章，很少有代写的。大概写文章的人，不是显达于官场就是归隐于田园。

显达的人是很尊贵的，求都不可能求到他的文章，更何况让他代写文章；隐居的人是很清高的，求他写文章都找不到理由，又怎么可能让他代写文章？我徐渭在写文章这件事上是很不幸的，就像马要耕地一样，刚好处在不显贵与不隐逸之间，所以别人能找到我让我代写文章，对我而言也逃避不了替人代写。又因为当今科举制度都采用八股文，所以通过科举获得官职的人，一般不会写作古文。即使有能写的人，也因为他需要赠送贺信的礼文，比古人多出百倍，这使他们不得不找人代笔。而给人代写的人，必定是读书人中地位卑微又没有隐居的人。所以从代写这件事中就可以看出人情，可以考察世事。

欣赏文言之美

徐渭曾经努力参加科举考试，结果失败了，没有考中，也就失去了走上仕途的捷径。当时，读书人除了科举，很少有其他出路。徐渭只能投奔胡宗宪，成为胡的幕僚。由于工作原因，他不得不替上司代写奏章、信函。后来，为了养家糊口，他的代写范围扩大，地主老爷的爹娘死去要请徐渭写祭文，徐渭也答应了。所以，徐渭积累了很多给人代写的文章。但是从

读懂 小古文 爱上 大语文

内心深处来说，代写是令他痛苦的事情，是他所不乐意的。

　　这篇短序中，徐渭表达了自己的辛酸与无奈，自己既不显贵，也没有财力当隐士，迫于生计不得不替人代写。他同时分析了当时代写流行的社会原因：一是八股文使读书人失去了写好文章的能力；二是官场应酬太多，官员们没有时间和精力自己写文章。个人的不幸与时代的无奈相结合，使得像徐渭这样卑微的读书人，难以避免地沦为代写者。对人生的不公、对社会的愤懑，都流露了出来。

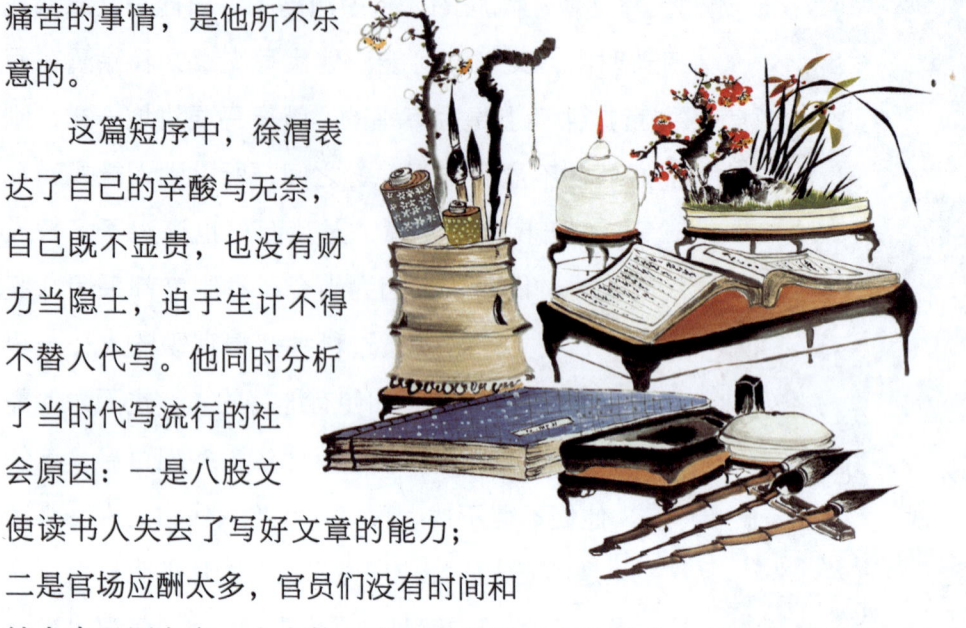

徐渭的书法成就

　　徐渭的书法代表作有《青天歌卷》《题画诗》等，多以草书为主，把内心的情感淋漓尽致地宣泄，笔墨恣肆，常是满纸狼藉，但自成风格。他开启和引领了一种名为"尚态"的书法风格，使沉寂了很久的明朝书法进入一个新的高峰期。

宗臣：针砭时弊的"后七子"之一

宗臣（1525—1560），明代文学家。字子相，江苏兴化人。嘉靖二十九年（1550）考中进士。初授刑部主事，后改吏部员外郎。性格耿介，不攀附权贵。嘉靖三十六年（1557），因文章得罪严嵩，被贬到福州。任上，曾率众击退倭寇。宗臣为文学"后七子"之一。他的创作，散文较出色。如《报刘一丈书》，描摹了奔走权门的无耻之徒的种种丑态，对于他们阿谀奉承、逢迎拍马的细节，刻画得惟妙惟肖，入木三分。《西门记》《西征记》则描写抗倭斗争，生动真切，指陈时弊，也颇淋漓。他的诗歌，开始学习李白，追求超忽飞动，但缺乏李白诗那特有的豪迈气势和充沛感情。他的律诗常有佳句，绝句较有神韵，但是内容都较单薄，缺乏整篇都很好的作品，故创作成就不太高。因此，他的诗歌水平没有文章水平高。著作有《宗子相集》15卷。

报许性之

[明] 宗臣

小·档案

出　　处：《宗子相集》。
坐　　标：北京。
主　　题：千里念友，纸短情长。
文　　体：骈体书信。

零霜握别，倏已残春，岁序殷流①，离心超忽②。忆昨沧洲③聚首，风雨停卮（zhī）④，谑语雄谈，千古一快。红尘忽接，青山顿远。言念昔游，茫然兴叹。祖筵⑤一酌，情共杯深，载锡之言⑥，金声满楮⑦。孤舟远情，彼此同之矣。春波正深，芙蕖渐绿。足下向所拟赋，可得遽闻乎？延结延结⑧。

【注释】①[岁序殷流]时光不停地流逝。殷，勤，经常。②[超忽]遥远的样子。也可以是"怊惚"的假借字，悲怅的意思。这里用后者更恰当。③[沧洲]水边之地，借指隐者的居处。④[卮]古代盛酒的器皿。⑤[祖筵]饯别的酒筵。⑥[载锡之言]指临别时许的赠诗或文章。载，虚词。锡，赐，赠。⑦[金声]形容文辞优美而内容有价值。楮，纸。⑧[延结]长久思念。延，长久。结，思念。这句是说自己一直想着对方。

译文

去年秋天刚有霜的时候我们握手相别，转眼间现在已是暮春时节。时光不停地流逝，离愁让人伤怀。回忆当时在水边聚会，外面狂风大雨，我们都停下了手里的酒杯。开一些玩笑，发一些豪言，千古之间，没有这么快活过！后来我到京城做官，接触红尘俗世，家乡的青山美景离我越来越远。一说到当时的出游，让人茫然若失、发出感叹。饯别的宴席上喝的这顿酒，我们的友情就像杯中的酒一样深厚，你的临别赠言，文辞斐然，内容充实。驾着一叶小舟离开家乡，你我之间的远别之情是相同的。春意正是最浓的时候，荷叶也日益翠绿。你之前打算写的辞赋，能让我尽快知道吗？长久思念，长久思念。

欣赏文言之美

这是宗臣写给友人的一封书信，格式上用的是骈体，即字句是对仗的，而且措辞比较文雅深奥。书信感情真挚，十分感人。内容娓娓道来，就像聊家常一样，用时间的流逝切入，然后用回忆来勾起双方共同的真情往事，共鸣感强烈。

　　人是感情动物，时光流逝使人伤感，陈年往事打动人心。作者恰好抓住了这些着力点，一方面表达了与许性之的浓浓友情，另一方面又渗透着自己强烈的思乡之情。真情是相互的、传递的，所以信的最后，作者急切地问：你我分别之时，你曾打算写一篇辞赋，不知写好了没？真想马上看到。这是迫不及待地希望友人尽快回应自己，思念之情可见一斑。

阳春白雪落人间：明清古文

骈文有什么特点

　　骈文是古文的一种文体，它最大的特点是字句都对偶，讲究对仗工整和声韵铿锵，非常适合诵读。骈文比散文更讲究修辞艺术，写作难度也更大。骈文起源于汉末，在南北朝兴盛，经历了唐代韩愈、柳宗元引领的古文运动后，骈文受到挫折，到宋代欧阳修掀起古文运动的第二次高潮时，骈文更衰。

袁宏道：天赋异禀却英年早逝

袁宏道（1568—1610），明代文学家，湖北公安人。他与哥哥袁宗道、弟弟袁中道都是著名的文学家，称为"三袁"。又因为三人是公安县人，被称为"公安派"。

袁宏道自小天赋异禀，4岁的时候就能对对子。有一次他的舅舅说："足下生云。"袁宏道立刻回答："头上顶天。"16岁时，他建立文学社，云集一帮文学青年，辛勤练习写作。后来，袁宏道受到著名思想家李贽（zhì）的影响。李贽提出"童心说"，认为写文章要保持童心，要表达纯真的感情。袁宏道兄弟受到启发，反对复古主义写作，提倡抒写内心世界的"性灵说"。所写文章清新飘逸，生动有趣，感情饱满，影响巨大，而袁宏道是兄弟三人中成就最大的。

袁宏道不但纯文学写得好，而且也擅长写八股文，在科举考试中考中了进士。但是他却厌恶官场，不肯出来当官。在家人的劝说下，勉强做了一名县令。袁宏道对于当官这件事看得很轻，当了又辞，辞了又当，反复多次，如同逛菜市场。他父亲看到他年纪轻轻就这样"不务正业"，大为不满。没办法，袁宏道只好又进入官场。最后他在朝廷管人事工作，打击了一些营私舞弊的腐败分子。但是官场的乌烟瘴气，使眼里揉不得沙子的袁宏道很失望，最终还是辞官回家了。没想到，回家不久就去世了，年仅43岁，可以说是英年早逝，令人遗憾。袁宏道留下了很多小品文精品，代表作《满井游记》。

答梅客生

[明]袁宏道

小档案

出　　处：《袁中郎全集》。
坐　　标：北京。
人　　物：梅客生，湖北麻城人，进士，担任过兵部右侍郎。

一春寒甚，西直门外，柳尚无萌蘖（niè）①。花朝②之夕，月甚明，寒风割目。与舍弟闲步东直道上，兴不可遏。遂由北安门至药王庙，观御河水。时冰皮未解，一望浩白，冷光与月相磨，寒气酸骨。趋至崇国寺，寂无一人，风铃之声，与猧（wō）犬③相应答。殿上题额及古碑字，了了可读。树上寒鸦，拍之不惊，以砾投之，亦不起，疑其僵也。忽大风吼檐，阴沙四集，拥面疾趋，齿牙涩涩有声，为乐未几，苦已百倍。

【注释】①[萌蘖]出自《孟子·告子》："非无萌蘖之生焉。"朱熹注："萌，芽也；蘖，芽之旁出者也。"这里指发出嫩芽。②[花朝]古代以二月十二日为百花生日，称花朝。也有以二月十五日为花朝者。③[猧犬]小狗。

阳春白雪落人间：明清古文

读懂 小古文 爱上 大语文

数日后，又与舍弟一观满井，枯条数茎，略无新意。京师之春如此，穷官之兴可知也。

冬间闭门，著得《广庄》七篇，谨呈教。

译文

整个春天都很寒冷，在西直门外，柳树还没有发出新的嫩芽。花朝节的晚上，月光很明亮，寒风吹来就像用刀割人的眼睛。我和弟弟悠闲地在东直门道上散步，游玩的兴致控制不住。于是从北安门走到药王庙，观看御河里的水。当时水面上的浮冰还没有完全解冻，望过去白茫茫一片，冷清的水光与月光相互融合，寒冷的空气冻得人骨头发酸。快步走到崇国

袁宏道笔下的徐渭

徐渭是一个才华横溢的奇才，但生不得志，死后被人遗忘，袁宏道无意中读到徐渭的诗歌，为他写了一篇《徐文长传》，使徐渭大显于世。可以说，如果没有袁宏道发现徐渭的"奇"，后人便不知道徐渭在诗、文、画方面的伟大成就了。清代吴楚材、吴调侯所写的《古文观止》中说："非石公识之残篇断简中，几埋没千古矣。"石公即袁宏道。

寺，很寂静，一个人都没有，风铃的响声与小狗的叫声相互应答。大殿上的题字与古碑上的刻字，可以清清楚楚地读出来。站在树上的寒鸦，拍手也惊动不了它，扔石头打它，它也不飞起来，我怀疑它已经被冻僵了。忽然之间，大风在大殿的屋檐下怒吼，沙土从四面吹来，我们遮住脸赶紧走开，冻得牙齿打架，吱吱作响。乐趣还没享受多久，痛苦已经遭受了百倍。

几天后，我又和弟弟去观赏满井，那里只有几根干枯的树枝，没有其他新的意趣。京城的春天就是这样，穷官的兴致可想而知了。

我整个冬天闭门不出，写了《广庄》七篇，恭敬奉上请您指教。

欣赏文言之美

在写这篇书信的时候，作者在京城（北京）担任顺天府教授。袁宏道一向不喜欢官场，把当官说成"人间恶趣"。如果在做官的时候不能有美景相伴，那简直如"掉入地狱"一样痛苦。

在措辞上，作者使用了一些表现色彩暗淡、枯燥乏味的词语，比如"寒""冰""冷""寂""僵""涩""枯"等，在阅读过程中，读者自然而然融入这没有生机、冰冷萧瑟的场景之中，体会到作者的孤寂、无聊。这正是袁宏道"性灵说"的体现：表面上写的是京师的冬天，是外在的环境，实际上刻画的是作者的内心，是对官场的无聊、厌倦感。

这篇景物描写让人体验到一种幻灭感，一种对人生终极价值的无解所带来的落寞和虚无感，并向好友传递了这种难以状摹的情感。

初至西湖记

[明]袁宏道

小档案

出　　处：《袁宏道集笺校》。
坐　　标：杭州西湖。

从武林门①而西，望保叔塔②突兀层崖中，则已心飞湖上也。午刻入昭庆③，茶毕，即棹小舟入湖。山色如娥，花光如颊，温风如酒，波纹如绫，才一举头，已不觉目酣神醉，此时欲下一语描写不得，大约如东阿王④梦中初遇洛神时也。余游西湖始此，时万历丁酉二月十四日也。

【注释】①[武林门]古杭州北面的城门。②[保叔塔]即"保俶塔"，在西湖边

宝石山上。③［昭庆］西湖的僧寺名。④［东阿王］曹植，曹操的儿子，三国时期的文学家，代表作《洛神赋》。

晚同子公^①渡净寺，觅小修^②旧住僧房。取道由六桥、岳坟归。草草领略，未及遍赏。阅数日，陶周望兄弟^③至，湖山好友，一时凑集矣。

【注释】①［子公］方文僎，字子公，新安人，袁宏道在吴县时的幕友，时随宏道同游杭。②［小修］袁宏道之弟袁中道，字小修，上一年曾游西湖。③［陶周望兄弟］陶望龄，字周望，号石篑，会稽人，袁宏道的至交好友。明万历十七年（1589）考取进士，被封为国子祭酒。陶周望之弟名奭（shì）龄，字公望，明万历三十一年（1603）举人，曾任济宁知州。

译文

从武林门往西边走，只见保俶塔突兀矗立在一层层的山崖之中，我的心就飞到湖上了。中午进入昭庆寺，喝完茶，就划着小船进入西湖中。山的颜色像美人的眉毛，花的光彩像红润的脸颊，温和的风像醉人的酒，水

曹植和他的《洛神赋》

曹植是三国时期的文学家，在诗歌和辞赋方面都有杰出的成就。他的代表作《洛神赋》既继承了两汉以来抒情辞赋的传统，也吸收了楚辞的浪漫主义精神，为辞赋的发展开辟了一个新的境界。《洛神赋》是曹植辞赋中的杰出作品。作者以浪漫主义的手法，通过梦幻的境界，描写人神之间的真挚爱情，但终因"人神殊道"无从结合而惆怅分离。

读懂 小古文 爱上 大语文

的波纹像柔软的绫罗。刚一抬头，眼睛和心神就不自觉地沉醉了。这时想用一句话来形容却不知该如何描述，大概就和曹植在睡梦中初次遇到洛神时的情景一样！我游玩西湖就从这次开始，时间是万历二十五年（1597）二月十四日。

傍晚，我和方子公渡水到净慈寺，找寻弟弟小修当年住过的僧房。随后由六桥、岳坟这一条路返回寓所。今天只是很草率地领略了一番，来不及仔细欣赏。游览几天后，陶周望兄弟到了，游山赏湖的好朋友，一下子都到齐了。

欣赏文言之美

本文是作者所写的杭州西湖系列游记中的一篇，作于万历二十五年（1597）辞官之后。自古以来，描写歌咏西湖的文章诗歌数不胜数，面对前人的精品佳作，袁宏道诗文却能别出心裁，发现西湖之美。这篇文章最出彩的地方是采用了博喻，也就是连续的比喻，使文字变得十分优美，又充满了趣味。比如"山色如娥，花光如颊，温风如酒，波纹如绫"，山如黛眉、花如脸颊、风如温酒、波如绫绢，把西湖的山山水水写得如同温柔秀美的女孩子，视觉、触觉、感觉俱全，使人如痴如醉。又用"如东阿王梦中初遇洛神时"的完型比喻，使人联想起曹植被洛神华美身姿所吸引时的精神恍惚、骨软筋麻，渲染出了西湖让人目眩、神迷、酥融、惊愕的美丽，以及观者被其震慑时凄婉的感动。

西湖

[明]袁宏道

小·档案

出　　处：《袁宏道集笺校》。
坐　　标：杭州西湖。
文　　体：散文。

西湖最盛，为春，为月。一日之盛，为朝烟，为夕岚。

今岁春雪甚盛，梅花为寒所勒，与杏桃相次开发，尤为奇观。石篑①数为余言，傅金吾②园中梅，张功甫③家故物也，急往观之。余时为桃花所恋，竟不忍去。湖上由断桥④至苏堤⑤一带，绿烟红雾，弥漫二十余里。歌吹为风，粉汗为雨，罗纨之盛，多于堤畔之草，艳冶极矣。

【注释】①[石篑]陶望龄，字周望，袁宏道好友，石篑为其号。②[傅金吾]任金吾官的傅姓友人。金吾，即执金吾，官职名。在明代是掌管京师治安的长官。③[张功甫]名镃，南宋名将张俊的孙子。他家园林中玉照堂有梅花四百株，周密《武林旧事》中有记载。④[断桥]本名宝祐（yòu）桥，自唐代称为断桥，在白堤东头。⑤[苏堤]又名苏公堤，南北横截西湖，为宋苏轼任杭州知州时浚湖而筑，因此得名。

阳春白雪落人间：明清古文

然杭人游湖，止午、未、申①三时。其实湖光染翠之工，山岚设色之妙，皆在朝日始出，夕舂②未下，始极其浓媚。月景尤不可言，花态柳情，山容水意，别是一种趣味。此乐留与山僧、游客受用，安可为俗士道哉！

【注释】①[午、未、申]均属十二时辰。午时，指十一时至十三时。未时，十三时至十五时。申时，十五时至十七时。②[夕舂]意同"下舂"。日落之时。这里指夕阳。

译文

西湖最美好的时候，在春天，在月光下。一天中最美好的时候，在早晨的轻雾，在傍晚的云气。

今年春天下雪很多，梅花被严寒所抑制，开得很晚，与杏花、桃花先后开放，看起来很是奇特。陶望龄多次对我说："傅金吾家中花园里的梅花，是张功甫家遗留下来的旧物，应该赶紧去观赏一番。"我当时被桃花迷住了，竟然不忍心离开。从断桥到苏堤这一带，绿色的垂柳像烟一样，红色的桃花、杏花像雾一样，布满二十多里长的堤岸。歌声、吹奏声像风一样传来，沾着脂粉的汗水像雨一样挥洒，穿着华丽的游人络绎不绝，比西湖堤岸上的小草还要多，美丽妖艳极了。

然而杭州人游览西湖，只在上午十一点到下午五点这段时间。实际上，湖光呈现翠绿色的精巧、雾气给山峦染上颜色的美妙，都在朝阳刚刚出来的时候，在夕阳还没有落下去的时候，这两个时间，西湖的浓烈媚姿才达到她的极点。晚上的月景尤其不能用言语表达出来，鲜花的姿态，柳树的情调，青山的容貌，绿水的意境，别是一种趣味。这种乐趣，只能留给山上的僧人和游客享受，怎么能够向那些世俗的人说呢！

欣赏文言之美

作为"性灵派"的开创者,袁宏道真真实实写出了"性灵",写出了自己的个性与心灵感受。游览西湖,需要用心去发现美、感受美。作者认为西湖之美,在于春天,在于月下,在"朝烟""夕岚",这本来就不同于一般人的看法,因为大多数人是上午十一点到下午五点这段时间去游览西湖的。

另一个能体现作者"独抒性灵"的地方在于,很多读书人对梅花情有独钟,认为梅花代表着高洁的品质,以欣赏梅花为贵。而作者却不以为然,不落俗套。好友陶望龄邀请作者去赏梅花,他却留恋于桃花、杏花的娇艳,一路上又沉迷于游人华丽的衣着、妖艳的容貌,一点也没有读书人的清高。喜欢高贵的梅花,难道就不能同时喜欢娇艳的桃杏吗?不掩饰内心的真实想法和感受,这就是"真性灵"。

满井游记

[明] 袁宏道

小·档案

出　　处：《袁宏道集笺校》。
坐　　标：北京。
写作背景：写这篇文章时，袁宏道在北京，任顺天府教授。
文　　体：散文。

燕地寒，花朝节后，馀寒犹厉。冻风时作，作则飞沙走砾，局促一室之内，欲出不得。每冒风驰行，未百步辄返。

廿二日天稍和，偕数友出东直，至满井。高柳夹堤，土膏微润，一望空阔，若脱笼之鹄（hú）。于时冰皮始解，波色乍明，鳞浪层层，清澈见底，晶晶然如镜之新开而冷光乍出于匣也。山峦为晴雪所洗，娟然如拭，鲜妍明媚，如倩女之靧（huì）面①而髻鬟（jì huán）之始掠也。柳条将舒未舒，柔梢披风，麦田浅鬣（liè）②寸许。游人虽未盛，泉而茗者，罍（léi）③而歌者，红装而蹇（jiǎn）者，亦时时有。风力虽尚劲，然徒步则汗出浃背。凡曝沙之鸟，呷浪之鳞，悠然自得，毛羽鳞鬣之间，皆有喜气。始知郊田之外，未始无春，而城居者未之知也。夫能不以游堕事，而潇然于山石草木之间者，惟此官也。而此地适与余近，余之游将自此始，恶能无纪？己亥之二月也。

【注释】①[靧面]洗脸。②[鬣]马鬃。此处指麦苗方萌。③[罍]古代盛酒的器具。

译文

  北京气候寒冷，花朝节过后，冬天余下的寒气还很厉害。冻人的寒风时不时刮起，风一起就会飞沙走石。我挤在狭窄的屋子里，想出门却不敢出去。每次冒着冷风迅速地走到外边去，还没走一百步就又返回来了。

  二十二日那天，天气稍微暖和了一些，我偕同几个朋友一块出东直门，到了满井。堤岸两旁都是高大的柳树，肥沃的土壤有点湿润，一眼望去空旷开阔，自己就像刚刚脱笼而出的天鹅。这时水上浮冰刚刚解冻，水波开始呈现出澄明的色泽，微风吹过水面，荡开一层层鱼鳞形状的水纹，水清澈得可以一眼望见湖底，水面明亮得就像刚打开镜盒子，镜面泛出清冷的光芒一样。山峦的积雪被晴日所融化，美丽动人的样子像刚刚擦洗过，鲜艳美丽、明亮妩媚，如同刚洗过脸的美丽少女正在梳掠她的发髻一般。柳条将要舒展但是还没有完全舒展，柔嫩的树梢被风吹动，麦田里的麦苗才一寸多高。游人虽不多，但打泉水煮茶的，举着酒杯唱歌的，穿着艳装骑驴踏青的妇人，也时不时可以见到。虽然寒风还比较强劲，但徒步行走背上的衣服都汗湿了。凡是沙滩上晒太阳的鸟儿，水波中呼吸的鱼儿，都十分安然自在，羽毛鳞片之间都露着喜气。我这才知道郊野并不是没有春天，只是住在城里的人不知道罢了。不会因为游览而耽误公事，能潇洒地沉浸于山石草木之中的，恐怕也只有我现在担任的这个职务了。而且这儿与我的住处恰好很近，我的游玩将从这里开始，怎么能不写文章记下来呢？时间是万历二十七年二月。

读懂 小古文 爱上 大语文

欣赏文言之美

不喜欢做官、喜欢游山玩水的袁宏道，因为家人的要求，不得不勉为其难地到京城担任教授（职位名称，不同于现在大学的教授）。这就像天鹅被关进了笼子一样，袁宏道浑身难受，每天都想出门透气。然而北京的春天还是很寒冷，几次都把意欲出门游玩的袁宏道逼回屋子。恶劣的气候，会让人以为北京没有美好的春色。二十二日这天，趁着天气稍微暖和，终于能和几个好友出门踏青，到了满井，才发现郊外的春色让人惊喜。

本文在写法上有两大特点。一是前后对比。前面不断写春寒严峻，阻碍出行，给人印象就是北京的春天除了寒冷，没有生机。后面到满井踏青，画面豁然开朗，生机勃勃，让人眼前一亮。二是景中含情。开篇种种描述，营造出寒冷、萧瑟的场景，体现了作者因困于室内而不能出门散心的苦闷。满井的游玩，又处处透露着生机和欣欣向荣的喜悦之色，是作者脱出牢笼、放飞心情的内心写照。

花朝节

古代习俗中，农历（夏历、阴历）二月十二日或十五日是百花生日，也称"花朝节"。俗语有"花朝月夕"的说法，花朝是二月半，月夕是八月半。

钟惺：书香门第，为人严冷

钟惺（1574—1624），明代文学家。字伯敬，也写作景伯，号退谷、止公居士。湖广竟陵（今湖北天门）人。出身于书香门第，父亲钟一贯曾担任江苏武进学训。万历三十八年（1610），钟惺考中进士，授"行人"，后任礼部主事、福建提学佥事。在南京时，于秦淮河畔租房居住，伏案阅读史书至深夜，每有所得辄记之，撰成《史怀》一书，评论古史，功力深厚。钟惺为人严冷，不喜接俗客，专心读书。他提倡幽峭诗风，并且参以禅旨，令人莫测高深，有"诗妖"之名。与谭元春共选《唐诗归》和《古诗归》，名扬一时，形成"竟陵体"，世称"钟谭"。

夏梅说

[明] 钟惺

小·档案

出　　处：《钟伯敬合集》。
写作背景：揭露官场的趋炎附势之风。

梅之冷，易知也，然亦有极热之候。冬春冰雪，繁花粲粲，雅俗争赴，此其极热时也。三、四、五月，累累其实，和风甘雨之所加，而梅始冷矣。花实俱往，时维朱夏①，叶干相守，与烈日争，而梅之冷极矣。故夫看梅与咏梅者，未有于无花之时者也。

【注释】①[朱夏]《尔雅·释天》记载："春为青阳，夏为朱明，秋为白藏，冬为玄英。"用青、朱（红）、白、玄（黑）四色对应春夏秋冬四季，故称夏季为"朱夏"。

张谓《官舍早梅》诗所咏者，花之终，实之始也。咏梅而及于实，斯已难矣，况叶乎？梅至于叶，而过时久矣。廷尉董崇相[①]官南都[②]，在告[③]，有夏梅诗，始及于叶。何者？舍叶无所谓夏梅也。予为梅感此谊，属同志者和焉，而为图卷以赠之。

夫世固有处极冷之时之地，而名实之权在焉。巧者乘间赴之，有名实之得，而又无赴热之讥，此趋梅于冬春冰雪者之人也，乃真附热者也。苟真为热之所在，虽与地之极冷，而有所必辩焉。此咏夏梅意也。

【注释】①[廷尉董崇相]董崇相，时任南京大理寺丞。廷尉，汉代为九卿之一，主管刑狱。②[南都]明成祖迁都北京，以南京为南都。③[在告]古代官员在家休假。

译文

梅花喜寒，这是很容易知道的，然而它也有极热的时候。冬天和春天结冰下雪的时候，梅花盛开，高雅君子和市井俗人都争先恐后去观赏，这便是赏梅最热闹的时候。三月、四月、五月，梅树结满了一串串果实，又加上有温和的风、甘美的雨水滋润，梅花所在之处开始变冷清了。梅花凋谢、果实成熟后，时间进入夏季，这时只剩下叶子与树枝相互守护，与猛烈的日光抗争，梅花所在之处已经冷清到了极点。所以观赏梅花和写诗文咏叹梅花的人，没有在梅花凋谢的时候来观看的。

张谓的《官舍早梅》所咏叹的，是花已经凋谢、刚开始结果时的梅。歌咏已经结出了果实的梅，这已经很难得，何况只剩叶子呢？梅树只剩叶子时，梅花已经过了时令很久了。董崇相在南京做官任廷尉职，请假在家期间，写了一首夏梅诗，从梅叶写起。为什么这么写呢？因为舍弃梅叶就不能说是夏梅了。我为他对梅花的情谊而感慨，便请志同道合的朋友写诗与夏梅诗相和，并画了一幅画送给他。

这世间本来就有处在极冷的时间和极冷的地方而大权在握的人。投机取巧的人就会去接近他们，既能够得到名利，又不会被讥讽为趋炎附势。这些投机取巧的人就像在冬春之际、冰雪之中去欣赏梅花的人，他们是真正的趋炎附势的人。如果是权势所在的地方，即便他处在非常冷的地方，也要分辨清楚。这就是我歌咏夏梅的含义啊！

欣赏文言之美

这是一篇小品文，谈梅论世，短小有趣，托物寓意。作者因友人写了夏梅诗，而产生感触，画了夏梅图，并写下此篇。作者切入，从"冷""热"二字上构思，分析了冷与热的辩证关系，充满了哲学思辨，发人深思。文章巧妙地从时令变化，引出赏梅、咏梅人的"冷热"现象，对"趋梅于冬春冰雪者"的趋炎附势风气予以嘲讽和批判，表达了自己"枝干相守，与烈日争"的不甘沉沦的自强精神。

本文最大的特色是构思新奇，别具匠心。之前的咏梅佳作大多是盛赞梅花不畏严寒的写法，而钟惺另辟蹊径，着重描写梅花凋落后的夏梅，表达了独特而有新意的思想主张。

官舍早梅

阶下双梅树，
春来画不成。
晚时花未落，
阴处叶难生。
摘子防人到，
攀枝畏鸟惊。
风光先占得，
桃李莫相轻。

《官舍早梅》是唐朝诗人张谓的诗，他的诗辞精意深，讲究格律，诗风清正，多为饮宴送别之作。

浣花溪记

[明] 钟惺

小·档案

出　　处：《钟伯敬合集》。
坐　　标：成都，青羊宫，武侯祠，杜甫草堂。

出成都南门，左为万里桥。西折纤秀长曲，所见如连环，如玦（jué）①，如带，如规，如钩；色如鉴，如琅玕②，如绿沉瓜，窈然深碧，潆回城下者，皆浣花溪委也。然必至草堂，而后浣花有专名，则以少陵③浣花居在焉耳。

【注释】①[玦]开缺口的玉环。②[琅玕]美玉。③[少陵]指杜甫，杜甫自号少陵野老。

行三四里为青羊宫①，溪时远时近，竹柏苍然，隔岸阴森者尽溪，平望如荠，水木清华，神肤洞达。自宫以西，流汇而桥者三，相距各不半里。舁（yú）②夫云通灌县，或所云"江从灌口③来"是也。人家住溪左，则溪蔽不时见，稍断则复见溪，如是者数处，缚柴编竹，颇有次第。桥尽，一亭树道左，署曰"缘江路"。

【注释】①[青羊宫]又名青羊观。相传老子曾牵青羊经过这里。②[舁]抬。③[灌口]又名金灌口，古称天彭门。相传汉代文翁任蜀郡守，穿渝江灌溉，故名灌口。

过此则武侯祠①。祠前跨溪为板桥一，覆以水槛，乃睹"浣花溪"题榜。过桥，一小洲横斜插水间如梭。溪周之，非桥不通，置亭其上，题曰"百花潭水②"。由此亭还，度桥，过梵安寺，始为杜工部祠③。像颇清古，不必求肖，想当尔尔。石刻像一，附以本传，何仁仲别驾④署华阳⑤时所为也。碑皆不堪读。

【注释】①[武侯祠]即孔明庙，亦称诸葛祠，在今四川成都市西南。②[百花潭水]杜甫所写的诗《狂夫》："万里桥西一草堂，百花潭水即沧浪。"后人取此四字题景。③[杜工部祠]杜甫祠，为杜甫草堂中的建筑之一，在杜甫故宅原址上建成。④[别驾]官名，明代为通判的别称。通判是州、府辅佐知州或知府处理政务的官员。⑤[华阳]古县名，明为成都府治，今并入成都市双流区。

　　钟子曰：杜老二居，浣花清远，东屯险奥，各不相袭。严公①不死，浣溪可老，患难之于朋友大矣哉！然天遣此翁增夔（kuí）门②一段奇耳。穷愁奔走，犹能择胜，胸中暇整，可以应世，如孔子微服主司城贞子时也。

【注释】①[严公]即严武，字季鹰，官至剑南节度使兼成都尹，封郑国公。镇蜀时善遇杜甫，杜甫《八哀》诗曾悼念之。②[夔门]即长江瞿塘峡，在四川奉节东。因地当川东门户，故称。杜甫在唐永泰元年（765）离成都至夔州（今四川奉节），居留近二年，作诗四百三十多首。

　　时万历辛亥①十月十七日，出城欲雨，顷之霁（jì）。使客游者，多由监司郡邑招饮，冠盖稠浊，磬折②喧溢，迫暮趣归。是日清晨，偶然独往。楚人钟惺记。

【注释】①[万历辛亥]万历三十九年，即1611年。万历为明神宗朱翊钧年号（1573—1620）。②[磬折]弯腰如磬，表示恭敬。磬，一种形状像曲尺的打击乐器。

浣花溪因杜甫而千古留名

　　浣花溪位于成都西郊，两岸风光秀美，是唐宋以来成都著名的郊游胜地，尤其是杜甫将草堂建在此处并在这里写了二百多首诗之后，更加为浣花溪增光添彩。以至八百多年后的钟惺到此处，也记下了自己的所见、所闻、所感，成就了《浣花溪记》这一名篇。

译文

　　出了成都的南门，左边是万里桥，水流向西拐，纤细秀丽漫长弯曲，看上去形状就像连环、像玉玦、像衣带、像圆规、像弯钩，颜色像铜镜、像美丽的玉石、像深绿色的瓜，呈现幽暗的深绿，回旋流荡在城墙下面的，都是浣花溪的下游。然而，只有流经杜甫草堂的一段水流才能叫"浣花溪"，这是因为杜甫在此营建浣花溪故居的缘故。

　　走三四里的路就是青羊观，溪水时远时近，两旁竹子和柏树幽深碧绿，树木茂盛遮蔽溪岸，阴森森的一直延伸到溪水尽头，一眼平望过去，就像荠菜一样，水清树茂，景色秀丽，令人神清气爽，全身通透。自青羊观以西，溪流汇成一体，所流经的桥有三座，每座桥之间相距不过半里路。轿夫说从这里可以通到灌县，有人所说的"江水从灌口来"讲的应该就是这里。溪流的东面住着人家，溪水有时被遮住看不见了，在房屋之间稍微断开的间隔之中，又能看到溪流，这样的情况出现好几次。溪岸边的人家用木柴、竹条编织成篱笆，看着很整齐。桥的尽头，一座亭子矗立在道路左边，亭子上写着"缘江路"。

　　过了这里就是武乡侯诸葛亮的祠堂，祠堂前面的溪流之上横跨着一座木板桥，桥上加了临水的栏杆，这里就能看到写着"浣花溪"三个字的题词匾额。过了桥，水中有一块陆地，这块陆地像织布机上的梭子一样，横着斜插于水中，被溪水四面环绕。没有桥就不能通到那里，这块陆地上面建造了亭子，题写着"百花潭水"。由这座亭子返回，渡过桥，过了梵安寺，才是杜甫杜工部祠。里面杜甫的画像清瘦古朴，没必要必须像他本人，想象中的杜甫大概就是这个样子吧。还有一个刻在石碑上的杜甫像,附带刻有杜甫的传记,这是通判何仁仲代理华阳县令时制作的,石碑上的文字都很难识读了。

钟先生(作者自称)说:杜甫他老人家所居住的两个地方,浣花溪这里清净幽远,东屯险要偏僻,各不相同,严公不死的话,杜甫可以在浣花溪终老,人在患难的时候太需要朋友的帮助了!然而,是上天派遣杜甫在夔州经历了一番不平凡的人生呀。在穷苦忧愁中流离奔走,犹能选择优胜之地居住,内心安详宁静,可以应对一切世事,如同孔子当年避乱居住在司城贞子家里的时候一样。

时间在万历三十九年十月十七日,出城后感觉天要下雨,不久又晴了。朝廷使臣的游客,大多由监司、府县长官招待宴饮,坐着官车、穿着官服的官员众多且杂乱,官员们互相作揖鞠躬,腰弯得像磬,人声喧闹嘈杂,快要天黑了才急忙赶回。这天清晨,我一个人随意地走来游玩。楚人(湖北人)钟惺写文章记载。

欣赏文言之美

浣花溪,位于四川成都西南部。杜甫在安史之乱后流亡到这里,居住在浣花溪旁边的草堂中,在这里写下二百多首诗,浣花溪由此出名。作者因公出差成都,很随性地游览了浣花溪杜甫旧居。文章以游览的轨迹为线索,以"万里桥"为起点,依次描写了青羊宫、溪岸景致、溪畔人家、溪上桥亭、武侯祠,接下来聚焦在本文的中心——浣花溪,最后定格在"杜工部"。

写法上,一方面详略得当。前边路途中的风景都是精炼简写,浣花溪与武侯祠则重点书写。另一方面写景与议论结合,情景交融,景色的描写都是为了突出浣花溪的清雅,从而表达对于杜甫的景仰与赞美。

王思任：因国破绝食而死

王思任（1574—1646），字季重，号谑庵，明代山阴（今浙江绍兴）人。万历二十三年（1595）进士，历任兴平、当涂、青浦知县，又任袁州推官、九江佥事。清兵破南京后，鲁王监国，驻留绍兴，升王思任为礼部右侍郎，进尚书。后来绍兴为清兵所破，面对清朝征召，王思任拒绝并且绝食而死。他是晚明小品文名家，所写文章，笔调诙谐生动，时有讽刺时政之作，尤以游记散文为佳。诗歌自然朴实，才情烂漫。同时，在戏曲理论方面，著有《批点玉茗堂〈牡丹亭〉叙》《王实甫〈西厢〉序》等，尤以《批点玉茗堂〈牡丹亭〉叙》最为著名，影响最大。绘画方面也很有造诣，善画山水，淡远清润，格高韵逸。文学作品集结成《王季重先生文集》。

游满井记

[明] 王思任

小档案

出　　处：《谑庵文饭小品》。

坐　　标：北京。

同名作品：袁宏道的《满井游记》。

京师渴处，得水便欢。安定门外五里有满井，初春，士女云集，予与吴友张度往观之。

一亭函井，其规五尺，四洼而中满，故名。满之貌，泉突突起，如珠贯贯然，如蟹眼睁睁然，又如渔沫吐吐然，藤蓊（wěng）草翳（yì）资其湿。

游人自中贵外贵以下,巾者帽者,担者负者,席草而坐者,引颈勾肩履相错者,语言嘈杂。卖饮食者,邀呵①好火烧②,好酒,好大饭,好果子。贵有贵供,贱有贱鬻(yù),势者近,弱者远,霍家奴③驱逐态甚焰。有父子对酌,夫妇劝酬者;有高髻云鬟,觅鞋寻珥(ěr)者;又有醉詈(lì)泼怒,生事祸人,而厥夭陪乞者。传闻昔年有妇即此坐蓐(rù)④,各老妪解襦以帷者,万目睽睽,一握为笑。而予所目击,则有软不压驴,厥夭扶掖而去者,又有脚子⑤抽登⑥复堕,仰天露丑者,更有喇吓恣横,强取人衣物,或狎人妻女,又有从旁不平,斗殴血流,折伤至死者,一国感狂。予与张友贾酌苇盖之下,看尽把戏乃还。

【注释】①[邀呵]即"吆喝"。②[火烧]一种食品。③[霍家奴]指豪门权贵的家奴。霍,指汉代大将军霍光。④[坐蓐]孕妇生孩子。⑤[脚子]即脚夫。⑥[登]即凳。

译文

京师是个干旱缺水的地方,找到水人们就会很欢喜。安定门外五里远有满井,初春时节,那里男男女女人群密集,我也和一个苏州朋友张度前往那里游玩。

读懂 小古文 爱上 大语文

一个亭子覆盖在井上，井口的规格有五尺多宽，水面四周低，中间满，所以称之为满井。井水很满，泉水突突往上涌起，像一串串的珠子，像螃蟹眼睛睁得大大的，又像鱼连续不断吐着泡沫；井边茂盛的藤蔓与杂草，都得到了井水的滋润而湿漉漉的。

游人中，有显贵的朝中高官，有一般的地方官员，有裹着头巾的，有戴着帽子的，有用担子挑着东西的，有背着东西的，有铺了草坐着的，有伸着脖子勾着肩膀鞋子相交错的，言语交谈喧闹嘈杂。售卖饮食的人，吆喝着叫卖好烧饼、好酒、好饭、好果子。显贵的人可以买到高档食品，贫贱的人也有贫贱者的食物。有权势的人离满井近，势力弱的人只好离得远一些，豪门的奴仆驱赶别人的气焰很嚣张！有父子相对饮酒、夫妻相互劝酒的，有梳着高高的发髻、找寻鞋子耳环的，还有醉汉撒泼骂人、惹是生非祸及他人、没有得逞反过来给人赔礼道歉的。听说前几年有个孕妇在

同是游满井，王思任和袁宏道的区别

王思任的《游满井记》和袁宏道的《满井游记》两篇散文同样是游满井，二者的侧重点是不同的。袁宏道描绘了初春时节满井的景色，将春意盎然、欣欣向荣与作者轻松闲适的心境结合在一起，而王思任并没有花太多的笔墨在景色上，而是以大篇幅写了游满井的人们，这些追逐名利、寻欢作乐的芸芸众生构成了这个五光十色的世界，在王思任眼里，这不过是闹剧而已。

这里生产，几个老太婆解下短袄为她遮挡，众目睽睽之下，围观者都捂着嘴发笑。而今天我亲眼看见的，有身体软弱无力骑上驴子、由别人搀扶着离开的；有马夫抽掉踏凳后，人从驴背上掉下来、四脚朝天当众出丑的；更有凶恶无赖横行霸道、强抢别人衣服东西，或者调戏他人妻子女儿的；又有打抱不平、斗殴流血、骨折受伤甚至死的。京都地方的人如此疯狂愚惑。我和姓张的友人在芦棚底下买酒喝，看够了种种把戏后才返回。

欣赏文言之美

写满井的游记，除了本篇之外，还有袁宏道的《满井游记》，但二者有很多不同之处。袁宏道重点着眼于满井的春天景色，而本篇作者在用简练的文字介绍了满井的位置、形状、特殊的水态之后，抛开春色，把重点呈现在满井风景区的游客身上。

这是文章别具新意之处，游记不写美景而专注世俗人物的描写。作者以一个局外人的视角，记录了旅游景点商贩的喧哗热闹、游人森严的等级，以及奴仗主势的人情世态。有全家携游的父子、夫妻，有梳妆打扮的时装少妇，甚至还有已经足月的孕妇。有不能驾驭驴马而出乖露丑者，有借酒装疯卖傻、欲欺人反被辱的泼皮无赖，还有路见不平、斗殴至伤至死者，真是生动活泼的市井百态图。文章语言雅俗兼容：雅时，用字精练；俗时，用民间用语，既显示出典雅之美，又使读者觉得平易可亲。

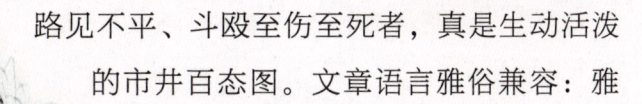

游敬亭山记

[明] 王思任

小·档案

出　　处：《王季重十种》。
坐　　标：安徽宣城。

"天际识归舟，云中辨江树。"不道宣城，不知言者之赏心也。姑孰[1]据江之上游，山魁而水怒。从青山讨宛[2]，则曲曲镜湾，吐云蒸媚，山水秀而清矣。曾过响潭[3]，鸟语入流，两岸互答。望敬亭绛雾[4]浮嵃(yǐn)[5]，令我杳然生翼，而吏卒守之不得动，既束带竣谒(yè)事，乃以青鞋走眺之。一径千绕，绿霞翳[6]染，不知几千万竹树，党[7]结寒阴，使人骨面之血，皆为蓊(yòng)[8]碧，而向之所谓鸟啼莺啭(zhuàn)者，但有茫然，竟不知声在何处。厨人尾我，以一舠劳之，留云阁上，至此而又知"众鸟高飞尽，孤云独往还"造句之精也。朓(tiǎo)[9]乎，白[10]乎，归来乎，吾与尔凌丹梯以接天语也。日暮景收，峰涛沸乱，饥猿出啼，予憟然不能止。

【注释】①［姑孰］今安徽当涂县的旧称。②［宛］曲折。③［响潭］安徽宣城市南有响山。响潭应在此。④［绛雾］赤色的雾气。⑤［嵃］形容山势高耸突兀。⑥［翳］遮盖。⑦［党］遮掩无光。⑧［蓊］酗酒。⑨［朓］谢朓，南齐诗人，与谢灵运同族。⑩［白］李白。

归卧舟中，梦登一大亭，有古柏一本，可五六人围，高百余丈，世眼未睹，世想不及，峭崿(è)斗突，逼嵌其中，榜曰"敬亭"，又与予所游者异。嗟乎！昼夜相半，牛山[1]短而蕉鹿[2]长，回视霱空间，梦何在乎？游亦何在乎？又焉知予向者游之非梦，而梦之非游也，止可以壬寅[3]四月记之耳。

【注释】①[牛山]即"牛山叹"。这个典故出自《晏子春秋》,为人生短暂而悲叹。
②[蕉鹿]即"蕉叶覆鹿"。典故出自《列子·周穆王》。后以代称"梦幻之事"。
③[壬寅]万历三十年,即1602年。

译文

"天际识归舟,云中辨江树",没去过宣城,不知写这诗句的人心中有多么愉悦。姑孰位于江水的上游,那里山高水急,江水沿着青山蜿蜒流淌,弯曲的水面上雾气缭绕,山水秀丽。我曾路过响潭,那里鸟叫音和流水声汇集起来,连两岸的山壁都有回响。看到敬亭山上有赤色的雾气,山势高耸突兀,我一直想去攀登,但由于官职在身,不得动身。等到了却公事,我才换穿草鞋去敬亭山眺望四周的景色。一条小道蜿蜒延伸,所见之处全都被植物的绿色覆盖沁染,数不清的篁竹幽树,连成一片,寒气逼人,使人体内的血液都变成了绿色,而一直所说的鸟鸣莺啼,只能远远听见,竟然不知由何处发出。厨师跟着我,并于留云阁上设酒慰劳我。此刻,临风远眺,我又体会到"众鸟高飞尽,孤云独往还"的精妙。谢朓啊!李白啊!归来吧!我要和你们驾红色的天梯登临而上,与苍天对话!日薄西山,美景渐渐模糊,山巅激风呼啸奔突,加上饥饿的猿猴出洞哀号,令我惊悚。

归来后躺在船上,梦中我登上一座大亭,亭中有一棵古柏,大概有五六抱粗,高一百多丈,世人谁也没看过,谁也没到过,峭壁参差处,一块榜紧嵌其间,榜上写着"敬亭",但又与我所见的现实"敬亭"不同。可叹啊!昼夜各自参半,人生苦短而梦幻太长,回望渺茫的时空,梦在哪里?游览过的地方又在哪里?又怎么知道我以前的游览不是梦,而做梦时不是在游览?只能在万历三十年四月记一下罢了。

欣赏文言之美

本文写于万历三十年（1602），王思任担任当涂县令，因为公务途经当涂东南之青山，远望敬亭山，便游历了敬亭山。敬亭山是人文荟萃之地，南齐诗人谢朓任宣城太守时曾游赏敬亭山，唐代最伟大的诗人李白也曾游览敬亭山。二人都有与敬亭山相关的名篇诗作，因此敬亭山是文人们向往的名山。这篇文章理所当然地反映出追步古人的雅致心态。

王思任所任的当涂之于宣城，山水相接，所以此文从当涂与宣城的地理环境写起；游历过程则着重写绿霞寒阴之翠竹青树，不知何处之鸟啼莺啭，众鸟与孤云齐飞之高处凄寒，以及在令人慄然的疑似幻境中对旷古知音之呼唤；最后写梦游中的敬亭幻境，与现实中疑似幻境的敬亭之游相对照。这种有意模糊真幻之境的写法，在一定程度上表达出了世无知音的古今同慨。作者通过形象生动的描绘，把大自然的妙理佳趣传递给读者，让读者与自己一起进入古代诗人创造的艺术世界，领悟出更多更美的韵味。

名山还需文人捧

敬亭山位于安徽宣城，绵延不过十余里，却是一座文化名山。自古名山都需要文人来捧，从南齐谢朓的《游敬亭山》和唐代李白的《独坐敬亭山》诗篇之后，敬亭山的名声直追五岳，于是越来越多的文人来这里打卡，如白居易、杜牧、韩愈、孟浩然、李商隐、苏轼、梅尧臣等，正是他们的诗赋、绘画、游记让敬亭山成为底蕴丰厚的文化名山。

魏学洢：天生好学，七岁能诗

魏学洢（1596—1625），字子敬，明末嘉善（今属浙江嘉兴）人，散文家。天资聪明好学，七岁能诗，年少曾在寺庙苦读。天启五年（1625），父亲魏大中因弹劾魏忠贤被捕，魏学洢哭着要随行，父亲劝他不要来，魏学洢暗中跟随牢车北上。在京城时，魏学洢白天躲藏，昼伏夜出，四处向父亲好友求救。最终魏大中还是死于狱中，他带着父亲的灵柩南归，日夜哭泣。魏大中死后，魏学洢也受到牵连，被关押进监狱，不久因为伤心过度、身心摧残而死去。著有《茅檐集》。被清代文学家张潮收入《虞初新志》的《核舟记》，是其代表作。

核舟记

[明] 魏学洢

小档案

出　　处：《虞初新志》。
文　　体：说明文。

明有奇巧人曰王叔远，能以径寸之木①，为②宫室、器皿（mǐn）、人物，以至鸟兽、木石，罔不因势象形③，各具情态。尝贻余核舟一，盖大苏泛赤壁云④。

【注释】①[径寸之木] 直径一寸的木头。径，直径。②[为] 做。这里指雕刻。③[罔不因势象形] 全都是就着（材料原来的）样子刻成（各种事物的）形象。罔不，无不、全都。因，顺着、就着。象，模拟。④[盖大苏泛赤壁云] 是苏轼游赤壁（的情景）。

舟首尾长约八分有奇（jī），高可二黍许①。中轩敞者为舱，箬（ruò）

79

篷②覆之。旁开小窗，左右各四，共八扇。启窗而观，雕栏相望焉。闭之，则右刻"山高月小，水落石出"，左刻"清风徐来，水波不兴"，石青糁（sǎn）之③。

【注释】①［高可二黍许］大约有两个黄米粒那么高。②［箬篷］用箬竹叶做的船篷。③［石青糁之］用石青涂在刻着字的凹处。石青，一种青翠色颜料。糁，用颜料等涂上。

船头坐三人，中峨冠而多髯（rán）者为东坡，佛印①居右，鲁直②居左。苏、黄共阅一手卷③。东坡右手执卷端，左手抚鲁直背。鲁直左手执卷末，右手指卷，如有所语。东坡现右足，鲁直现左足，各微侧，其两膝相比者，各隐卷底衣褶中④。佛印绝类弥勒，袒胸露乳，矫首昂视，神情与苏、黄不属⑤。卧右膝，诎（qū）⑥右臂支船，而竖其左膝，左臂挂念珠倚之，珠可历历数也。

【注释】①［佛印］佛印禅师，法名了元，字觉老，苏轼的朋友。②［鲁直］黄庭坚，字鲁直，与苏轼同为宋代文豪。③［手卷］只能卷舒而不能悬挂的书画长卷。④［各隐卷底衣褶中］各自隐藏在手卷下边的衣褶里。意思是从衣褶上可以看出相并的两膝。⑤［不属］不相类似。⑥［诎］同"屈"，弯曲。

舟尾横卧一楫。楫左右舟子①各一人。居右者椎（chuí）髻仰面，左手倚一衡木，右手攀右趾，若啸呼状。居左者右手执蒲葵扇，左手抚炉，炉上有壶，其人视端容寂②，若听茶声然。

【注释】①［舟子］撑船的人。②［视端容寂］眼睛正视着（茶炉），神色平静。

其船背稍夷，则题名其上，文曰"天启壬戌（rén xū）①秋日，虞山王毅叔远甫②刻",细若蚊足,钩画了了,其色墨。又用篆(zhuàn)章③一,文曰"初平山人",其色丹。

【注释】①[天启壬戌]天启二年,即1622年。天启,明熹宗朱由校的年号。②[虞山王毅叔远甫]常熟人王毅字叔远。虞山,山名,在今江苏常熟西北,这里用来代指常熟。甫,男子美称,多附于字之后。③[篆章]篆字图章。

通计一舟,为人五;为窗八;为箬篷,为楫,为炉,为壶,为手卷,为念珠各一;对联、题名并篆文,为字共三十有四。而计其长曾不盈寸①。盖简桃核修狭②者为之。嘻,技亦灵怪矣哉!

【注释】①[曾不盈寸]竟然不满一寸。曾,竟然。盈,满。②[修狭]长而窄。

译文

明朝有个手艺精巧的人叫王叔远,他能用直径一寸的小木头,雕刻出宫殿、器具、人物,甚至还有飞鸟、走兽、树木、石头,全都是就着材料原来的样子刻成各种形象,各有各的神情姿态,惟妙惟肖,精巧动人。他曾经送给我一个用桃核雕刻成的小船,刻的是苏轼乘船游赤壁的情景。

核舟的船头到船尾大约长八分多一点,有两个黄米粒左右高。中间高起而宽敞的部分是船舱,用箬竹叶做的船篷覆盖在船舱上面。船舱旁雕刻着小窗,左边和右边各有四扇,一共有八扇。打开窗户看向外面,可以看到雕刻着花纹的栏杆左右相对。关上窗户则看见一副对联,右边刻着"山高月小,水落石出",左边刻着"清风徐来,水波不兴",这些字都用石青涂成了青翠的颜色。

船头坐着三个人,中间戴着高高的帽子、长着浓密

读懂 小古文 爱上 大语文

胡须的人是苏东坡,名僧佛印位于苏东坡的右边,黄鲁直位于苏东坡的左边。苏东坡、黄鲁直两人共同看着一幅书画长卷。东坡右手拿着长卷的右端,左手轻按在鲁直的背上。鲁直左手拿着长卷的左端,右手指着长卷,好像在和苏轼说些什么。苏东坡露出右脚,鲁直露出左脚,身子都略微侧斜,他们互相靠近的两膝,都隐藏在手卷下边的衣褶里。佛印则雕得和弥勒菩萨特别类似,袒胸露乳,抬头仰望,神情和苏东坡、鲁直不同。他平放右膝,曲着右臂支撑在船板上,左腿屈膝竖起,左臂上挂着一串念珠,靠在左膝上——念珠简直可以清清楚楚地数出来,这雕刻真是让人拍案叫绝。

在船尾横放着一支船桨。船桨的左右两边各有一个船夫。位于右边的船夫梳着锥形发髻,仰着脸,左手倚在一根横木上,右手扳着右脚趾头,好像在大声呼喊。而左边的人右手拿着一把蒲葵扇,左手抚着火炉,炉上有一水壶,那个人的眼睛正视着茶炉,神色平静,好像在听水烧开了没有。

船的顶部较平,作者就把自己的名字题写在上面,刻的是"天启壬戌秋日,虞山王毅叔远甫刻",字迹像蚊子的脚一样细小,笔画清楚明白,这些字的颜色是黑色的。还刻着一枚篆字图章,文字是"初平山人",这些字的颜色是红的。

全舟计算一下,一条船上总共刻了五个人;八扇窗户;用箬竹叶做的船篷,船桨,炉子,茶壶,手卷,念珠各一个;对联、题名和篆文,刻的字共计三十四个。可是计算它的长度,竟然还不满一寸。原来是挑选长而窄的桃核雕刻而成的。噫,这样的技艺真是神奇啊!

欣赏文言之美

本文是说明文中的佳作。文章采取了总分结合、依次介绍、逐一描述的写法，有条不紊。且多处有前后照应，如第三段写佛印"神情与苏、黄不属"与前文的"各具形态"相照应，结尾的"嘻，技亦灵怪矣哉"与开头的"奇巧"相照应。本文语言极为简练，如第二段仅用七十多个字就清楚而准确地交代了核舟的形体大小、舱、窗、雕栏、刻字等五项内容。同时本文对人物神态的描绘逼真而生动，做到了形神飞动、各具情态。动词选用十分准确恰当，如"执""抚""指""语""矫""视""卧""倚"等动词，十分富有表现力。

作者把自己的想象融入对事物的描写中，如写"苏、黄共阅一手卷"，鲁直"如有所语"，这是作者的想象所得，就这么传神的一笔，便把苏、黄二人亲切交谈的神情表现出来了。通过想象，一下子把一个没有生命的核雕作品写活了。

桂圆烧蛋

相传明代天启四年（1624），魏大中因受诬陷被贬官，在冬至这天夜里回到家，魏夫人煮了三个鸡蛋和七颗桂圆，安慰魏大中说："不管三七二十一，补好身体要紧，老爷是两袖清风，不怕奸臣诬陷，总有一天是非曲直会澄清的。"四年后，魏大中得到昭雪时又是冬至，人们都吃起了桂圆烧蛋，纪念这位不畏强权的忠臣。

张岱：锦衣少年，老来隐居

张岱（1597—1679），字宗子、石公，号陶庵，浙江山阴（今浙江绍兴）人。出生于山阴一个仕宦之家，世代显赫。其先祖世居蜀，所以张岱亦自称"蜀人"。小时极聪明，六岁时拜访明代著名文学家和书画家陈继儒，陈继儒夸赞张岱非常聪明，还称张岱为小友。一时传为佳话。

张岱早年为纨绔子弟，生活奢侈。曾有考取功名的念头，但一直没有成功。在他五十岁的时候，明朝覆亡，他成了明遗民，生活一下子变得穷困。但他拒绝与清朝合作，隐居在四明山中，坚守贫困，潜心写作，著有《陶庵梦忆》和《石匮书》等。文学创作上，张岱以小品文见长。被称为"小品圣手"。

自题小像

[明] 张岱

小·档案

出　　处：《琅嬛文集》。
主　　题：自曝"羞耻"，自谦。
相似文章：徐渭的《自书小像》。

功名耶落空，富贵耶如梦。忠臣耶怕痛，锄头耶怕重，著书二十年耶而仅堪覆瓿（wèng）①。之人耶有用没用？

【注释】①[覆瓿] 意同覆瓿（bù）。比喻著作毫无价值，只可以作盖酱罐用。这里是作者自谦。

译文

功名啊已经落空，富贵啊就像做梦。想做忠臣以死报国啊却怕痛，想做农民拿起锄头啊却怕重。写书写了二十年啊，却只可以作盖酱罐用。这个人啊，有用还是没用？

欣赏文言之美

《自题小像》六句话虽句句是戏语，却也句句是实，又充满了自我调侃、自我嘲讽的意味。他对自己的一生进行了全面否定和百般嘲弄，不但功名富贵落空，以死报国没有勇气，自食其力没有能力，辛勤笔耕毫无用处，甚至怀疑自己活着有用还是没用。

张岱自小聪颖，人皆以为他能在功名路上步入青云，结果在科举道路上却不顺利。但是张岱在史学和文学上取得的成就足以使其不朽，誓死不向清朝统治者投降的民族气节也令人钦佩。

表面上，张岱是在自我否定，实际上这是另一种自我褒扬。凡是在文字上喜欢自嘲自骂的人，往往都是具有独立思想的叛逆者。所以这篇文章也是张岱愤世嫉俗情绪的流露，是不满意于自己于世奉献甚少、未给国家民族做出实际功业的自恨自叹。

阅读提示

"覆瓿"一词出自《汉书》，刘歆看了扬雄的《太玄经》后说："白吃这么多苦，现今学者追求功名，连《周易》都不懂，又怎能懂《太玄经》？恐怕后人要拿来盖酱缸。"对此，扬雄笑而不语，说明扬雄做学问的目的不是为了取悦别人。

阳春白雪落人间：明清古文

湖心亭看雪

［明］张岱

小·档案

出　　处：《陶庵梦忆》。
坐　　标：湖心亭，杭州西湖中的一个小岛亭。

　　崇祯五年①十二月，余住西湖。大雪三日，湖中人鸟声俱绝。

【注释】①［崇祯五年］1632年。崇祯，明思宗朱由检年号。

　　是日更（gēng）定①矣，余拏（ná）一小舟，拥毳（cuì）衣炉火②，独往湖心亭看雪。雾凇（sōng）沆砀（hàng dàng）③，天与云与山与水，上下一白，湖上影子，惟长堤一痕、湖心亭一点、与余舟一芥、舟中人两三粒而已。

【注释】①［更定］晚上八时左右。更，古代夜间的计时单位，一夜分为五更，每更约两小时。旧时每晚八时左右，打鼓报告初更开始，称为"定更"。②［拥毳衣炉火］裹着裘皮衣服，围着火炉。拥，裹、围。毳，鸟兽的细毛。③［雾凇沆砀］冰花周围弥漫着白气。

　　到亭上，有两人铺毡对坐，一童子烧酒炉正沸。见余大喜曰："湖中焉得①更有此人！"拉余同饮。余强饮三大白②而别。问其姓氏，是金陵人，客此③。

【注释】①［焉得］哪能。②［三大白］三大杯酒。白，古人罚酒时用的酒杯。③［客此］客居此地。

　　及下船，舟子①喃喃曰："莫说相公②痴，更有痴似相公者。"

【注释】①［舟子］船夫。②［相公］旧时对士人的尊称。

译文

崇祯五年十二月,我居住在西湖附近。大雪接连下了三天,西湖四周寂静无声,人的影踪、飞鸟的声音都消失了。

这天晚上八时左右,我驾一叶小舟,裹着裘皮衣服,围着火炉御寒,独自前往湖心亭欣赏雪景。湖面上冰花周围弥漫着白气,天空、白云、远山、水面连成一片,从上到下、从近到远都是一片寂静的白色。在这茫茫雪景之中,湖上的影子,不过是西湖长堤在雪中隐隐露出的一道痕迹,以及远远看去像一个小斑点一样的湖心亭,此外还有像小草一样渺小的我以及我的小船、船上两三个微不足道的人罢了。

进入湖心亭,我看见有两个人铺着毡子,正面对面坐在毡子上。一个童子正在热酒炉里的酒。酒炉被童子烧得滚烫。这两个人看见我,非常高兴地说:"湖心亭里还有这样的人呢!"这两个人拉着我一同喝酒。我不忍扫兴,勉强自己喝掉了他们斟给我的三大杯酒,然后就和这两个人道别。我打听他们的姓氏,知道他们是金陵人,客居于西湖附近。

等到下船的时候,船夫喃喃自语地说:"别说相公您痴,还有和相公您一样痴迷的人啊!"

欣赏文言之美

这是小品文中的佳作,不足二百字,写景如绘,简淡清远,充满意趣。作者先以一个大视角开始,俯视远眺,将全景连同自己所乘小舟一并收入笔底。数量词"一痕""一点""一芥""两三粒",有质感,有画面感。叙事、写景完备。最后作者借舟子之口引出议论,点出一个"痴"字;又以相公之"痴"与"痴似相公者"相比较、相浸染,把一个"痴"字写透。

跋徐青藤小品画

[明] 张岱

> **·小·档·案·**
>
> 出　　处：《琅嬛文集》。
> 文　　体：跋，是一种文体，一般写在书籍、文章或书画作品的后面。

　　唐太宗曰："人言魏征①倔强，朕视之更觉妩媚耳。"倔强之与妩媚，天壤不同，太宗合而言之，余蓄疑颇久。今见青藤②诸画，离奇超脱，苍劲中姿媚跃出，与其书法奇崛略同。太宗之言，为不妄矣。故昔人谓摩诘③之诗，诗中有画；摩诘之画，画中有诗。余亦谓青藤之书，书中有画；青藤之画，画中有书。

【注释】①[魏征]唐太宗时大臣，以能犯颜直谏著称。他对太宗进谏，每每执拗到底，不肯让步。②[青藤]徐渭，号青藤道士。③[摩诘]唐代诗人王维，字摩诘。

译文

　　唐太宗说："别人说魏征很倔强，在我看来他更多的是妩媚（可爱动人）。"倔强与妩媚，二者可以说是天壤之别，唐太宗却合在一起说，使我很长时间都产生怀疑。今天看见徐渭画得这些画，出人意料、超凡脱俗，老练刚劲中妩媚的姿貌凸显出来，与他书法的奇特大致相同。唐太宗的话，确实不是虚假的。所以古人说王维的诗，是诗中有画，王维的画，是画面中有诗意。我也说徐渭的书法，是书法中有画面，徐渭的画，是画面中有书法的韵味。

欣赏文言之美

这是一则写在画作上的议论短文，从魏征引入，谈论绘画的艺术风格。魏征是中国历史上的著名人物，以倔强执拗的性格闻名于世。唐太宗说魏征虽然倔强，但却"妩媚"，是一个粗细结合的人物。用妩媚来形容魏征，确实让人眼前一亮。魏征的倔强是真的，他的倔强是只认真理不认人。可见像魏征这样的人，是一个复杂的矛盾体。人与艺术、诗歌与绘画、绘画与书法，道理是相通的。苏轼评价王维是"诗中有画，画中有诗"，充分说明了艺术的相通。张岱在本文中评价徐渭的画"苍劲中姿媚跃出"，"书中有画，画中有书"，则正是对这种艺术观点的认同。

西湖七月半

〔明〕张岱

小·档案

出　　处：《陶庵梦忆》。
坐　　标：杭州西湖。

西湖七月半①，一无可看，止可看看七月半之人。看七月半之人，以五类看之。其一，楼船箫鼓，峨冠盛筵，灯火优傒（xī）②，声光相乱，名为看月而实不见月者，看之；其一，亦船亦楼，名娃③闺秀，携及童娈（luán）④，笑啼杂之，环坐露台，左右盼望，身在月下而实不看月者，看之；其一，亦船亦声歌，名妓闲僧，浅斟低唱，弱管轻丝，竹肉⑤相发，亦在月下，亦看月而欲人看其看月者，看之；其一，不舟不车，不衫不帻（zé）⑥，酒醉饭饱，呼群三五，跻入人丛，昭庆、断桥⑦，嘄（jiào）⑧呼嘈杂，装假醉，唱无腔曲，月亦看，看月者亦看，不看月者亦看，而实无一看者，看之；其一，小船轻幌，净几暖炉，茶铛（chēng）⑨旋煮，素瓷静递，好友佳人，邀月同坐，或匿影树下，或逃嚣里湖，看月而人不见其看月之态，亦不作意看月者，看之。

【注释】①[七月半]农历七月十五中元节。②[优]优伶，戏曲演员。[傒]通"奚"，仆人。③[娃]美女，吴中俗称少女为"娃"。④[童娈]俊美的男童。⑤[竹]指乐器之声。[肉]指口中发出的歌声。⑥[帻]古代男子包头发的头巾。⑦[昭庆]昭庆寺，在西湖东北岸。[断桥]在西湖白堤东端，近昭庆寺。⑧[嘄]同"叫"。⑨[茶铛]烧茶的小锅。

杭人游湖，巳出酉归①，避月如仇。是夕好名，逐队争出，多犒门军酒钱，轿夫擎燎，列俟岸上。一入舟，速舟子急放断桥，赶入胜会。以故二鼓以前，人声鼓吹，如沸如撼，如魇（yǎn）如呓（yì）②，如聋如哑。大船小船，一齐凑岸，一无所见，止见篙击篙，舟触舟，肩摩肩，面看面而已。少刻兴尽，官府席散，皂隶喝道去。轿夫叫，船上人怖以关门，灯笼火把如列星，一一簇拥而去。岸上人亦逐队赶门，渐稀渐薄，顷刻散尽矣。

【注释】①[巳]上午九时至十一时。[酉]下午五时至七时。②[魇]梦魇，梦中惊悸。[呓]说梦话。

吾辈始舣（yǐ）①舟近岸。断桥石磴始凉，席其上，呼客纵饮。此时月如镜新磨，山复整妆，湖复颒（huì）面②。向之浅斟低唱者出，匿影树下者亦出。吾辈往通声气，拉与同坐。韵友③来，名妓至，杯箸（zhù）安，竹肉发。月色苍凉，东方将白，客方散去。吾辈纵舟酣睡于十里荷花之中，香气拍人，清梦甚惬。

【注释】①[舣]附船着岸。②[颒面]洗脸。指湖面恢复明净。③[韵友]风雅的友人。

译文

西湖七月十五日的时候，没有什么可看的，只有看看那些来看七月半景致的人。来看七月半景致的人，可以分五类来看。其中一类，坐在有楼饰的游船上吹箫击鼓，戴着高冠穿着盛装，灯火明亮，有漂亮的优伶和仆从，乐声与灯光相交错，名为看月而事实上并未看见月亮的人，可以看看这一类人。一类，也坐在有装饰的游船上，带着有名的美人和贤淑有才的女子，还带着美童，嬉笑中夹着打趣的声音，环坐在大船前的露台上，左盼右顾，置身月下

读懂 小古文 爱上 大语文

但其实并没有看月的人,可以看看这一类人。一类,也坐着船,也有音乐和歌声,跟著名歌妓、清闲僧人一起,慢慢喝酒,低声歌唱,箫笛、琴瑟之乐轻柔细缓,箫管伴和着歌声齐发,也置身月下,也看月,而又希望别人看他们看月,可以看看这一类人。一类,不坐船不乘车,不穿长衫也不戴头巾,喝足酒吃饱饭,叫上三五个人,成群结队地挤入人丛,在昭庆寺、断桥一带,高声乱嚷,假装发酒疯,唱不成腔调的歌曲,月也看,看月的人也看,不看月的人也看,而实际上什么也没有看见,可以看看这一类人。一类,乘着小船,船上挂着细而薄的帷幔,茶几洁净,茶炉温热,茶铛很快把水烧开,白色瓷碗轻轻传递,约了好友美女,请月亮和他们同坐,有的隐藏在树荫之下,有的去里湖逃避喧闹,尽管在看月,而人们看不到他们看月的样子,他们自己也不刻意看月,这样的人,可以看看。

杭州人游西湖,上午九时至十一时出门,下午五时至七时回来,都避开月亮,就像跟月亮有仇似的。七月十五这天晚上,人们喜欢这个名头,人群排队争着出城,多给把守城门的士卒一些小费,轿夫举着火把,在岸上排队等候。一登上船,就催促船家把船朝着断桥划去,急忙赶过去加入盛会。因此二更之前,人声和鼓乐声如同滚水沸腾、地面震荡，又如同梦中惊叫、梦中说话，人们在嘈杂的声音中听不到别人的说话声，像聋人一样，也无法让别人听到自己说话的声音，像哑巴一样；大船小船一齐靠到岸边，什么都看不见，只看见船桨撞船桨，船身碰船身，人们肩膀相互摩擦，脸脸相对而已。不一会儿兴尽了，官府宴席已散，衙门差役大声吆喝开道而去。轿夫叫喊着船上的人，以城门马上要关闭来吓唬游人，灯笼和火把像一列列星星，一船一船簇拥着返回。岸上游人也急忙赶在城门关闭前进城，人逐渐稀少，很快就散光了。

这时我们才把船靠近湖岸。断桥边的石磴也慢慢凉下来，在上面摆设酒席，招呼客人开怀畅饮。此时月亮像刚刚磨过的镜子一样光洁明亮，山峦重新整理了容妆，湖面恢复明净。原来慢慢喝酒、曼声歌唱的人出来了，隐藏在树荫下的人也出来了，我们这批人去和他们打招呼，拉来同席而坐。风雅的朋友来了，出名的歌妓也来了，杯筷安置，歌乐齐发。直到月色灰白清凉，东方即将破晓，客人才散去。我们这些人放船在十里荷花之间，畅快地安睡，花香飘绕于身边，清梦非常舒适。

欣赏文言之美

七月半指农历七月十五日的中元节，此时游西湖，月圆景美，可文章一开头却说"一无可看"，接着说"止可看看七月半之人"，用独特的视角把游湖之人分为五类：一类是官僚，有意炫耀而无心赏景者，写出其假冒风雅的嘴脸；一类是富家千金，携带美貌家童，娇声娇气，庸俗却不假冒风雅；一类是名妓闲僧，虽在看月，却更希望别人看他们看月，虽风雅却有些造作；一类是市井之徒，大呼小叫，凑热闹罢了；一类是清雅之士，二三好友、绝色佳人，一同赏月，雅兴不浅，但不想被人看见，自然而然。作者对五类人观察细致，并不点评，却分雅俗、寓褒贬于文字之中。

祁彪佳：少年有成终舍身成仁

祁彪佳（1602—1645），浙江山阴人，明末散文家、戏曲家。祁彪佳四十几年的人生之路可以用以下三个词总结：少年聪慧、仕途坎坷、舍身成仁。他十六岁参加院试考第一名，不到十七岁参加乡试考中举人，不到二十一岁考中三甲进士，基本是逢考必过。而祁彪佳的为官之路却非常坎坷，三起三落，既被革过职也因病辞过职，就在他辞官回家的路上听到李自成攻打北京的消息，又主动返回工作岗位，欲扶大厦之将倾，可最终迎来的是国破。1645年，清廷邀请祁彪佳出仕，他为表示拒绝的决绝态度而投湖自尽。有着家国情怀的祁彪佳在散文方面有很大的成就，著有《寓山注》和《越中园亭记》，戏曲方面也成绩斐然。

水明廊

[明] 祁彪佳

小档案

出　　处：《祁彪佳集》。
主　　题：托物言志。

园以藏山，所贵者反在于水。自泛舟及园，以为水之事尽，迨循廊而西，曲沼澄泓①，绕出青林之下。主与客似从琉璃②国而来，须眉若浣，衣袖皆湿，因忆杜老③残夜水明句。以廊代楼，未识少陵④首肯⑤否？

【注释】①[澄泓]澄澈深广。②[琉璃]天然有光的宝石，唐代称为琉璃。此处形容水的澄明。③[杜老]指唐代诗人杜甫。④[少陵]唐代诗人杜甫，字子美，自号少陵野老，世称"杜工部""杜少陵"。⑤[首肯]同意。

译文

　　花园是为了把山包围起来，所珍贵的反倒是水。自从泛起小舟到了园子，以为水的作用就到此为止了。顺着水明廊向西边前进，看见弯弯的水流清澈深沉，从青翠的树林之下绕出来。主人和客人像是从琉璃世界里来的，眉毛和胡须像是经过了洗涤，衣服袖子都打湿了。因此我回忆起杜甫"残夜水明楼"这句诗来，用"廊"代替其中的"楼"，不知道杜甫同意吗？

欣赏文言之美

　　寓山是作者的私家园林，水明廊是花园中的一个景致。对于山水园林，作者很有自己的一套美学见解，他认为山应该藏在花园之中，以水点缀。总之，讲究的是"含蓄"。山要藏着，不能赤裸裸地露在外边；水要曲曲折折，从树林下绕出。他南归建造园林时，常常自行设计并亲自动手，正因如此，他对园中一丘一石、一草一木都充满了亲切之情。

　　作者对于水，爱得深沉，使用了有趣又温暖的比喻来描写。曲沼的水从林中绕出，清凉透彻，水雾弥漫。从水面穿过，主人、客人像是从琉璃世界中走来，整个画面都是晶莹剔透的。胡须、眉毛、衣袖都被水汽所湿，充满乐趣、野趣，也充满了诗情画意。怪不得作者回忆起了杜甫的诗句，对园林的热爱之情、对生活的美的追求，溢于言表。

妙赏亭

[明] 祁彪佳

小档案

出　　处：《祁彪佳集》。
坐　　标：杭州。
文　　体：散文。

　　寓山之胜，不能以寓山收，盖缘身在山中也。子瞻于匡庐道之矣。此亭不暱（nì）①于山，故能尽有山，几叠楼台，嵌入苍崖翠壁。时有云气往来缥缈，掖（yè）②层霄而上。仰面贪看，恍然置身天际，若并不知有亭也。倏然回目，乃在一水中激石穿林，泠泠传响，非但可以乐饥，且涤十年尘土肠胃。夫置屿于池，置亭于屿，如大海一沤然。而众妙都焉，安得不动高人之欣赏乎！

【注释】①[暱]同"昵"，亲近之义。这里指挨近，靠拢。②[掖]挽扶，挟持。

译文

　　寓山的优美，不能在寓山一览无余，大概是因为身处山中的缘故。苏东坡在庐山已经说过这个道理了。这座亭子不挨着山，所以能够尽览整座山，几层楼阁台榭，镶嵌在苍翠的山崖峭壁之间。时不时有云朵雾气往来飘过，隐约朦胧，好像被一层层云霄扶持着向上浮动。仰起脸仔细看，茫然之间就像身体处在天地相接的地方，如同并不知道有亭子的存在一样。突然回过头来一看，才发现在水中，水流激荡在石头上、穿越树林，泠泠传出响声，不但可以快活到忘记饥饿，而且可以洗涤十年间沾染了尘土的肠胃。在池水中设置一座小岛，在小岛上设置一座亭子，虽然就像大海上的一个水泡，但是所有的美妙都集中在这里，怎么能不引起学识高超的人的欣赏呢！

欣赏文言之美

祁彪佳的《妙赏亭》和苏东坡的一首诗《题西林壁》都在探讨欣赏山水的距离之美，"不识庐山真面目，只缘身在此山中"与"寓山之胜，不能以寓山收，盖缘身在山中也"，都是说身处山林之中是不能欣赏到山的全貌的，距离产生整体感。

祁彪佳的精神在寓山园林中体现得淋漓尽致，亭子的名字为"妙赏"，站在亭子里必可赏心悦目，妙景尽收眼底。亭子不靠山，而是建在苍崖翠壁上，可八方凭眺、尽观山色、乘雾驭风，无异于仙山琼阁。在亭子里他获得了暂时的解脱，却从未放弃济世救民的思想，虽留恋人间，但却无法苟且。

《增广贤文》：中国文化名言佳句汇编

《增广贤文》是一部成书于明代的儿童启蒙读物，经过明清两代文人的不断增补，集结了中国传统文化中的各种格言、谚语，其内容看似散乱，但只要认真通读全部的内容，就会发现其内在的逻辑。这套书是对人性及社会现象洞若观火，把社会诸多方面的阴暗现象高度概括了出来，此书中的绝大多数句子来自经史子集、诗词曲赋、戏剧小说以及文人杂记，相当于将儒家经典、佛家经典中的观点用最精炼、易懂的语句汇编成册，简单的文字背后是中国传统文化的底蕴。本文选择了《增广贤文》中关于读书的五句话和蕴含哲理的四句话，不需要翻译，一读就懂。

增广贤文（节选）

小·档案

作　者：不详。

主　题：人生哲学，为人处世。

《增广贤文》读书五章

读书须用意，一字值千金。

听君一席话，胜读十年书。

书到用时方恨少，事非经过不知难。

有田不耕仓廪虚，有书不读子孙愚。

家无读书子，官从何处来？

《增广贤文》哲理四章

近水知鱼性，近山识鸟音。

近河不得枉使水，近山不得枉烧柴。

良药苦口利于病，忠言逆耳利于行。

一日练，一日功，一日不练十日空。

欣赏文言之美

《增广贤文》书名最早出现在明代万历年间的戏曲《牡丹亭》中，可推知本书最晚成书于万历年间。《增广贤文》的主要特色是选编了大量具有韵律感的句子，文字浅显流畅，朗朗上口而又富含哲理。本书的内容非常广泛，涉及礼仪道德、风物典故、天文地理等方方面面。但其核心内容讲的是人生哲学和为人处世之道。其中许多凝聚了古人智慧的内容经过岁月的千锤百炼，已经成为脍炙人口的格言警句，影响了一代又一代人。比如"三思而行，再思可矣""人情似水分高下，世事如云任卷舒"等。因为内容庞杂，所以广大青少年读者在学习过程中应该取其精华，去其糟粕，从中汲取营养和智慧。

衰落中走向新生的清朝散文

清代思想家顾炎武、王夫之等人曾写出一批深度好文，然而恐怖的"文字狱"让自由创作受到阻碍，中国的正统古文衰落下去。清朝晚期，梁启超等人所倡导的"新文体"，引导古文走向新生，古代散文逐步转变为现代白话散文。

学者文章——大思想家的"深度好文"

明清交替之际，出现了一批杰出的思想家，他们写的散文政治色彩强烈。顾炎武、王夫之、黄宗羲等人，集学者、思想家、文学家于一身，在动荡的时代中思考社会问题，主张学以致用，反对空谈，写出了一批很有思想、很有现实意义的文章。他们不是为了文学创作而写文章，而是通过写作，表达对现实政治的不满。因此，他们的散文，其实也是学术论文，寄托着深刻的政治理想，普通读者理解起来是有难度的。

桐城派——清朝持续时间最长的文学流派

清朝统治时期，统治者对人们思想控制更加严格，甚至实行恐怖的"文字狱"，写文章有被治罪的危险。读书人唯恐惹祸上身，也就不敢大胆写作、畅所欲言了。他们为了避祸，埋头于陈旧的古书中寻章摘句，这都影响了文学创作。

"桐城派"在这样的时代背景下兴起，戴名世、方苞、刘大櫆、姚鼐是其代表人物。因为这几人都是安徽桐城人，以他们为中心形成的流派被称为"桐城派"。"桐城派"的散文，追求简洁雅致、章法严谨，看重字句、音节，善用考据，要求表达正统的儒家义理。这类文章偏重形式，题材狭窄，不像晚明的小品文那样生动有趣，多了一些呆板和"书生气"。

"桐城派"人数众多，后继者源源不断，是清朝影响力最大、存在时间最长的文学流派，一直持续了两百多年，直到清朝灭亡才衰亡。

湘乡派——曾国藩亲自"代言"的古文派

在清朝中后期显赫一时的曾国藩，既是军事家，也是文章大家。他崇拜韩愈、欧阳修，热衷于复兴"桐城派"古文。曾经下苦功夫研习文章写作，博学杂收，吸收各家之长，亲自编写了《经史百家杂钞》一书。曾国藩的可贵之处在于能认识到好文章应该随着时代变化而创新，他根据国家需要，提倡读书人写文章要关注现实，研究经济发展。由于曾国藩位高权重，门人弟子众多，以他为中心，形成了一批文人学士，自成一派。因为曾国藩是湖南人，这批人中有很多也是湖南人，湖南简称"湘"，所以命名"湘乡派"。

但是中国的古文已经走向衰落，这个流派也没能出现重量级的文学家和绝世佳作，只是奏响了古文最后的挽歌。

新文体——老百姓也能看得懂的"新文章"

清朝晚期，中国经历了数千年未有之大变局，封建社会走向衰落，而西方列强又用坚船利炮打开了中国国门。屡屡遭受侵略的局面让很多文学家不得不思考中国的出路。以龚自珍、魏源等人为源头，康有为、梁启超、谭嗣同等知识分子开始提倡"新文体"，所写的文章力求通俗易懂，大胆使用俗语、口语、白话文，老百姓也能读懂。很多文章发表在报纸上，风靡一时。在内容上，他们号召中国人睁开眼睛看世界，大量介绍西方新思想，现实性和政治性很强，具有强烈的忧国忧民情怀。

这类文章，逐渐脱离几千年古文的束缚，引导中国古文走向新生，为后来中国的现代白话散文开了先河。

李渔：中国历史上第一位专业作家

李渔（1611—1680），字笠鸿、谪凡，号笠翁，浙江兰溪人，清代戏曲理论家、作家、美学家。自幼聪颖的李渔对四书五经过目不忘，十岁左右便能赋诗作文，下笔千言。由于出生在明末乱世，科考不利，三十多岁便开始了隐居家乡的生活，这个时期他创作了大量的诗。后因与邻村发生诉讼，李渔萌生了去杭州创业的念头，开始了他"卖赋糊口"的创作生涯。他以旺盛的创作力，写出了《怜香伴》《风筝误》等六部戏曲剧本及《无声戏》《十二楼》两部白话短篇小说集，于是"湖上笠翁"成了大家争相吹捧的文坛新秀。也有名不见经传的文学创作者打着他的旗号出盗版书，为了打击盗版，他举家迁居金陵（南京），成为中国最早有版权意识的出版家，也在"芥子园"开启了他创作的新生涯。李渔一生的成就不仅在文学创作上，他还创建了自家的戏班子，将自己的作品搬上舞台。毕生写作精华浓缩于《闲情偶寄》之中。

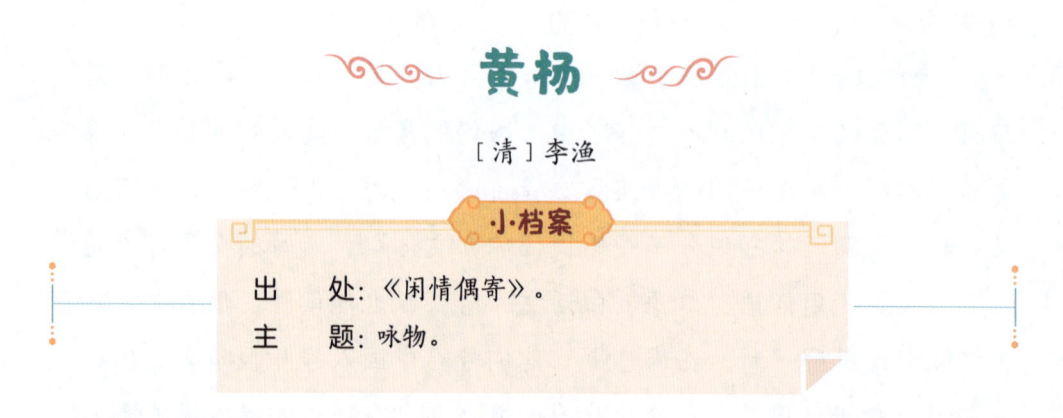

黄杨

[清]李渔

小·档案

出　　处：《闲情偶寄》。
主　　题：咏物。

　　黄杨每岁长一寸，不溢分毫，至闰年反缩一寸，是天限之木也。值此宜生怜悯之心。予新授一名曰"知命树"。天不使高，强争无益，故守困厄[①]为当然，冬不改柯，夏不易叶，其素行原如是也。使以他木处此，即不能高，亦将横生而至大矣；再不然，则以才不得展而至瘁②，弗复自永其年矣。困于天而能自全于天，非知命君子能若是哉？最可悯者，岁长一寸是已，至闰年反缩一寸，其义何居？岁闰而我不闰，人闰而己不闰，已见天地之私，乃非止不闰，又复从而刻之，是天地之待黄杨，可谓不仁之至，不义之甚者矣。乃黄杨不憾天地，枝叶较他木加荣，反似德之者，是知命之中又知命焉。莲为花之君子，此树当为木之君子。莲为花之君子，茂叔③知之；黄杨为木之君子，非稍能格物④之笠翁，孰知之哉？

【注释】①［厄］艰难窘迫。②［瘁］过度劳累，憔悴。③［茂叔］周敦颐，宋朝理学家，喜欢莲花。④［格物］推究事物道理。

译文

黄杨树每年生长一寸，不多长一分一毫，到了闰年反而缩减一寸，这是受到天命限制的树。种植这种树的时候应该产生哀怜同情的心情。我新授予它一个名字叫"知命树"。上天不让它长高，勉强去争夺也没有好处，所以把坚守困境看作是理所当然。冬天不改变枝条，夏天不改变树叶，它一直以来的行为就是这样。假如让其他的树处在黄杨树的位置，即使不能长高，也将横着生长并且长到很大。再不然，也会因为才力不能得到舒展而憔悴，不再让自己延长寿命。受困于上天的限制，又能保全自己的天性，不是知天命的君子难道能做到这点吗？最可怜的是，一年只长一寸也就罢了，到了闰年反倒要缩短一寸，这是什么意思呢？岁月有闰年而黄杨却没有闰年，别人都能在闰年生长而黄杨却不能在闰年生

长,已经显得天地很不公平了,甚至不但不能生长,反而要减少,这天地对待黄杨,可以说是不仁慈到了极点,不公正到过分了。可是黄杨并没有怨恨天地,枝叶比其他树木更加繁荣茂盛,反而像是感激天地,是知天命的事物中更知天命的了。莲花是花中的君子,这种树应该就是树木中的君子了。莲花是花中的君子,这是周敦颐知道的;黄杨是树木中的君子,除了稍微能推究事物道理的李渔,还有谁能知道呢?

欣赏文言之美

《黄杨》是一篇咏物散文,是李渔作为知识分子品质的自我展现。文章中,"知命树"的品格是"困于天而能自全于天",在生长过程中受到大自然不公正的对待,黄杨却"不憾天地""枝叶较他木加荣",这其实是在说封建社会的知识分子虽然受到各种限制,却还能保持操守。当然,所谓黄杨闰年缩一寸也是文学家的想象,是没有科学依据的。

李渔戏曲成就

李渔戏曲方面的成就在中国戏曲史上有着举足轻重的地位,他的《闲情偶寄》是一部理论巨著,是李渔一生艺术和生活经验的结晶,分为词曲、演习、声容、居室、器玩、饮馔、种植、颐养八个部分,共234个主题,是中国第一部倡导休闲文化的专著,堪称生活艺术大全、休闲百科全书。

芙蕖

[清]李渔

小·档案

出　处：《闲情偶寄》。
文　体：说明文。

芙蕖（qú）①与草木诸花似觉稍异，然有根无树，一岁一生，其性同也。谱云："产于水者曰草芙蓉，产于陆者曰旱莲。"则谓非草本不得矣②。予夏季倚此为命者，非故效颦（pín）于茂叔③而袭成说于前人也。以芙蕖之可人，其事不一而足，请备述之。

【注释】①[芙蕖]荷花。②[则谓非草本不得矣]就不能说不是草本了。③[茂叔]北宋哲学家周敦颐，字茂叔。

群葩①当令时，只在花开之数日，前此后此皆属过而不问之秋矣。芙蕖则不然，自荷钱②出水之日，便为点缀绿波。及其茎叶既生，则又日高日上，日上日妍，有风既作飘飖之态，无风亦呈袅娜之姿，是我于花之未开，先享无穷逸致矣。迨至菡萏（hàn dàn）③成花，娇姿欲滴，后先相继，自夏徂（cú）④秋，此时在花为分内之事，在人为应得之资者也。及花之既谢，亦可告无罪于主人矣，乃复蒂下生蓬，蓬中结实，亭亭独立，犹似未开之花，与翠叶并擎，不至白露为霜而能事不已。此皆言其可目者也。

【注释】①[群葩]百花。葩，花。②[荷钱]初生的荷叶。③[迨至]等到。迨，及，到。[菡萏]荷花的花苞未开曰"菡萏"，已开曰"芙蕖"。④[徂]到。

可鼻，则有荷叶之清香，荷花之异馥（fù），避暑而暑为之退，纳凉而凉逐之生。

至其可人之口者，则莲实与藕皆并列盘餐而互芬齿颊者也。

只有霜中败叶，零落难堪，似成弃物矣，乃摘而藏之，又备经年裹物之用。

是芙蕖也者，无一时一刻不适耳目①之观，无一物一丝不备家常之用者也。有五谷之实而不有其名，兼百花之长而各去其短，种植之利有大于此者乎？

【注释】①[耳目]偏义复词，此处专指目，耳无义。

予四命①之中，此命为最。无如②酷好一生，竟不得半亩方塘为安身立命之地。仅凿斗大一池，植数茎以塞（sè）责③，又时病其漏，望天乞水以救之，殆所谓不善养生而草菅（jiān）其命者哉。

【注释】①[四命]出自李渔《笠翁偶集·种植部》。李渔自谓"春以水仙、兰花为命，夏以莲为命，秋以秋海棠为命，冬以腊梅为命"。②[无如]无奈，用于转折句的开头，有"可惜"的意思。③[塞责]抵塞罪责，弥补所任事的不足。

译文

芙蕖和其他草本花卉好像稍有不同，然而它有根没有树干，是一年生植物，这些性质又和草本相同。花谱书中说："在水中生长的叫草芙蓉，在陆地生长的叫旱莲。"这就不能说芙蕖不是草本了。我在夏季靠芙蕖才能活下去，不是故意效仿周敦颐重复前人现成的说法，而是因为芙蕖适合人的心意，它的可爱不是一两点就可以说完的，请让我完整把它说出。

在百花应时盛开的时节，除花开那几天，前后都无人问津。芙蕖就不是这样，从荷叶出水那一天起，便把水波点缀得一片碧绿。等到它的茎叶长出，则一天比一天高，一天比一天更美。有风的时候就做出飘摇的姿态，没风时也呈现出袅娜的身姿。这样，我们在花未开的时候，便先享受它那无穷的逸致情趣了。花开的时候，娇艳欲滴，相继开放，从夏到秋，这对于花来说是它的本性，对于人来说就是应该得到的享受了。到花朵凋谢，也可告诉主人说，没有对不住你的地方了，莲花却又在花蒂下生出莲蓬，蓬中结了果实，在水中亭亭独立，还像未开的花一样，和翠绿的荷叶一起耸立在水面上，不到白露成霜，它所能做的事不会停止。这都是说它适合观赏啊。

可入鼻的则有荷叶的清香和荷花特别的香味，用它来避暑，暑气就会因它而减退；用它来乘凉，凉气就会因它而产生。

至于它可口的地方，就是莲子与藕都可以放入盘中，一起摆上餐桌，使人唇齿留香。

只有霜打的枯萎的荷叶，七零八落很不好看，似乎成了被遗弃的废物，但是把它摘下收藏起来，又可以在明年用来包裹东西。

所以荷花这种东西，无时无刻不适于人们眼睛的观赏，没有哪部分哪一点不供家常的用途。它有五谷的作用而不占有五谷的名义，集齐百花的长处而舍弃它们的短处。种植的好处，难道还有比它还大的吗？

我视为生命的四季花草中，以芙蕖最为宝贵。可惜酷爱了它一生，却不能得到半亩方塘作它赖以生长的地方。只是挖了个斗大的小水池，栽几株来安慰自己，又时常为水池渗水而忧虑，祈求上天降雨来补救它，这大概就是所说的不善于培养生灵而把它的生命当作野草一样作践吧。

欣赏文言之美

李渔在《闲情偶寄·种植部》中以各种花木为题，分别写了七十多篇散文，《芙蕖》是其中的一篇。作者用很大篇幅讲了荷花的优良品性，历数荷花从萌生到凋谢的整个过程中，各个部位对人们的实用价值，这部分李渔并没有借荷花表达出空灵超脱的情志。而结尾有一个点睛之笔，"无如酷好一生，竟不得半亩方塘为安身立命之地。仅凿斗大一池，植数茎以塞责"，表面是自责，体现了一个善良知识分子的可悲境遇，实际是在谴责那些生杀予夺的人对生命的不重视。

读懂 小古文 爱上 大语文

侯方域：才华满腹但壮志未酬

侯方域（1618—1655），字朝宗，河南商丘人，明末清初散文家。侯方域是明户部尚书侯恂之子，他的祖父及父辈皆因反对宦官专权而被罢黜，侯方域流落江南，清初因参加科举考试被人讥笑为对大明不忠，他自己也认为失节于明，于是把自己的书房改名为"壮悔堂"，取"壮年后悔"之意。在这个书房里，他完成了《壮悔堂文集》10卷、《四忆堂诗集》6卷。明末秦淮歌妓李香君对侯方域倾心相爱，她在《李姬传》中的形象是明大义、辨是非、不阿附权贵，清代戏剧家孔尚任将二人的爱情故事编成戏剧《桃花扇》。1655年，37岁的侯方域因国破家亡，壮志难酬，情绪郁结，染病身亡，才华满腹的他带着对李香君的思念离世。

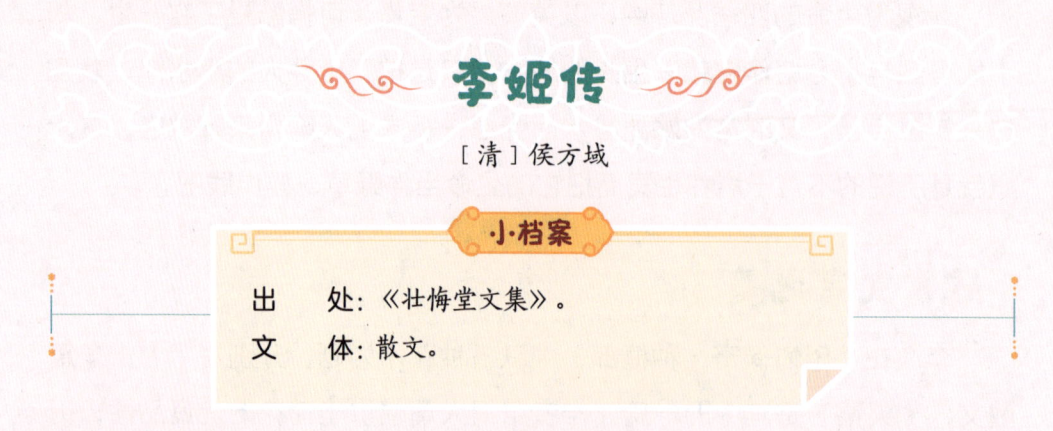

李姬传

［清］侯方域

小·档案

出　　处：《壮悔堂文集》。
文　　体：散文。

李姬[①]者名香，母曰贞丽。贞丽有侠气，尝一夜博，输千金立尽。所交接皆当世豪杰，尤与阳羡陈贞慧善也。姬为其养女，亦侠而慧，略知书，能辨别士大夫贤否，张学士溥、夏吏部允彝（yí）亟称之。少，风调[②]皎爽不群；十三岁，从吴人周如松受歌玉茗堂四传奇，皆能尽其音节。尤工琵琶词[③]，然不轻发也。

108

【注释】①[李姬]李香,又称李香君,秦淮名妓。②[风调]风韵格调。③[琵琶词]明朝初期,高则诚所创作的《琵琶记》中的曲辞。

雪苑侯生①,己卯来金陵,与相识。姬尝邀侯生为诗,而自歌以偿之。初,皖人阮大铖(chéng)者,以阿附魏忠贤论城旦②,屏居金陵,为清议③所斥。阳羡陈贞慧、贵池吴应箕(jī)实首其事,持之力。大铖不得已,欲侯生为解之,乃假所善王将军,日载酒食与侯生游。姬曰:"王将军贫,非结客者,公子盍叩之?"侯生三问,将军乃屏人述大铖意。姬私语侯生曰:"妾少从假母识阳羡君,其人有高义,闻吴君尤铮铮,今皆与公子善,奈何以阮公负至交乎?且以公子之世望,安事阮公!公子读万卷书,所见岂后于贱妾耶?"侯生大呼称善,醉而卧。王将军者殊怏怏,因辞去,不复通。

【注释】①[雪苑侯生]侯方域的自称,侯方域自号雪苑。②[论城旦]指阮大铖在崇祯初年阉党败后名列逆案,被革职为民。论,判罪。城旦,刑法名称,此处指的是贬为平民。③[清议]公正的评论。舆论对官员、士大夫的评议。

未几,侯生下第①。姬置酒桃叶渡②,歌琵琶词以送之,曰:"公子才名文藻,雅不减中郎③。中郎学不补行④,今琵琶所传词固妄,然尝昵董卓,不可掩也。公子豪迈不羁,又失意,此去相见未可期,愿终自爱,无忘妾所歌琵琶词也!妾亦不复歌矣!"

【注释】①[下第]应科举未中,此处指参加应天乡试。②[桃叶渡]在南京城内秦淮河与清溪合流处。③[中郎]指东汉蔡邕,《琵琶记》中的男主角。④[学不补行]学问虽好,却不能弥补其品行上的缺点。

侯生去后,而故开府田仰者①,以金三百锾(huán)②,邀姬一见。姬固却之。开府惭且怒,且有以中伤姬。姬叹曰:"田公岂异于阮公乎?

吾向之所赞于侯公子者谓何？今乃利其金而赴之，是妾卖公子矣！"卒不往。

【注释】①[开府田仰者]开府，明清时各地督抚。田仰，贵阳人，马士英的亲戚，弘光时为淮扬巡抚。②[镪]古代重量单位，亦是货币单位，标准不一。

译文

李姬的名字叫李香，她的母亲叫李贞丽。李贞丽有侠客气度，曾经一晚上赌博，输光了上千两银子。她所交往接触的都是当今世上的豪杰之士，尤其和阳羡的陈贞慧关系友善。李姬是李贞丽收养的女儿，也有侠气而且很聪慧，略微读过书，能够辨别读书人是否贤能，学士张溥、吏部官员夏允彝极力称赞她。小时候，她风韵格调豪爽超群；十三岁时，跟从吴地周如松学习戏曲玉茗堂四大传奇，都能达到声音节奏的标准。尤其擅长琵琶词，然而不轻易给人展示。

侯生（侯方域）在己卯年来到金陵，与李姬相识。李姬曾经邀请侯生作诗，而她自己唱曲以答谢侯生。最初，安徽人阮大铖因为逢迎依附魏忠贤而被判罪，贬为平民，居住在金陵不与人来往，为公正的评论所斥责。实际上首先斥责阮大铖的是阳羡人陈贞慧、贵池人吴应箕，他们拼尽全力坚持这么做。阮大铖没有办法，想要侯生为自己辩解这件事，就借助与他关系友好的王将军，每天带着美酒与食物和侯生游玩。李姬说："王将军生活贫困，不是广交朋友的人，公子为什么不问一问他？"侯生问了多次，王将军才屏退他人讲了阮大铖的用意。李姬私下对侯生说："我从小跟

随养母认识了阳羡君，这个人具有高尚的德义，听说吴君尤其铁骨铮铮。如今他们都与公子关系友善，怎么能因为阮大铖而背弃与这两位的深厚交情呢？况且以公子这样的世家望族，怎么能和阮大铖共事呢？公子读了万卷书，见识难道还不如我吗？"侯生大声叫好，故意借醉酒而卧床不见。王将军很不高兴，于是告辞离开，不再和侯生往来。

没过多久，侯生考试落榜。李姬在桃叶渡摆酒席，歌唱琵琶词为侯生送别，说："公子的才气名声和文章词采，一点不比蔡中郎差。蔡中郎学问虽然好，却不能弥补其品行上的缺陷，现在琵琶词中所传诵的诗词本来是虚妄的，然而蔡中郎曾经亲昵董卓，却是不能抹杀的。公子你豪放洒脱、无拘无束，又处在落榜不得志的时候，这次离开将来相见的机会实难预料，希望你始终爱惜自己，不要忘记我所歌唱的琵琶词。我以后也不会再歌唱这段唱词了。"

侯生离开后，原开府官田仰用三百锾银子邀请李姬见一面。李姬坚定地拒绝了他。田仰羞愧且恼怒，故意造谣中伤李姬。李姬感叹说："田仰难道与阮大铖有什么不同吗？我以往所赞赏侯公子的是什么呢？如今如果因为贪图银子而去会见他，这就是我背叛了侯公子！"最终不去会见。

欣赏文言之美

在南京的秦淮河上，文人与歌女结下情谊的风月故事不在少数，侯方域与《李姬传》中的主人公李香的爱情故事就是其中的一例。李香虽出身低微且沦落风尘，却不屈服于权势，对世事的是非清浊保持着清醒的认识。文中李香的一句话"田公岂异于阮公乎？吾向之所赞于侯公子者谓何？今乃利其金而赴之，是妾卖公子矣！"表现出她对爱情的忠贞。侯方域的这篇《李姬传》以自己的亲身经历为题材，行文坦率，也因此成为明清古文中的名篇佳作。

蒲松龄：志怪小说圣手

蒲松龄（1640—1715），字留仙，一字剑臣，别号柳泉居士，世称聊斋先生。济南府淄川（今山东淄博）人。清代文学家，短篇小说家。蒲松龄著述颇丰，近200万字，影响力最大的是他的短篇小说集《聊斋志异》。蒲松龄青年时期就非常热衷于记述奇闻逸事，他的志怪小说摆脱了以往志怪小说的宗教色彩，这也是《聊斋志异》成为文学经典的原因。

促织

[清]蒲松龄

小档案

出　　处：《聊斋志异》。

写作背景：明宣宗朱瞻基时期。

宣德间，宫中尚①促织②之戏，岁征民间。此物故非西③产；有华阴令④欲媚上官，以一头进，试使斗而才⑤，因责常供。令以责之里正⑥。市中游侠儿得佳者笼养之，昂其直，居为奇货。里胥⑦猾黠，假此科敛丁口⑧，每责一头，辄倾数家之产。

【注释】①[尚]崇尚，喜好。②[促织]蟋蟀的别名。③[西]这里指陕西。④[华阴令]华阴县县令。华阴县，明代属西安府，治所在今陕西华阴。⑤[才]有才能。这里指勇猛善斗。⑥[里正]里长。里，古代基层行政组织。⑦[里胥]管理乡里事务的小吏。胥，官府的小吏。⑧[假此科敛丁口]借此向百姓摊派（进贡蟋蟀的）有关费用。假，凭借、利用。科敛，摊派、征收。丁口，即人口。成年男子称丁，女子及未满十六岁男子称口。

邑有成名者，操童子业①，久不售②。为人迂讷(nè)，遂为猾胥报充里正役，百计营谋不能脱。不终岁，薄产累尽。会征促织，成不敢敛户口，而又无所赔偿，忧闷欲死。妻曰："死何裨益？不如自行搜觅，冀有万一之得。"成然之。早出暮归，提竹筒铜丝笼，于败堵丛草处，探石发穴，靡计不施，迄无济。即捕得三两头，又劣弱不中于款。宰严限追比③，旬余，杖至百，两股间脓血流离，并虫亦不能行捉矣。转侧床头，惟思自尽。

【注释】①[操童子业] 意思是正在读书，准备考秀才。操，从事。童子，童生。科举时代，还没考取秀才的读书人，不论年纪大小，都称为"童生"。②[售] 卖出。这里指考取秀才。③[宰严限追比] 县令严定期限，按期查验追逼。追比，旧时地方官限期交税、交差等，过期以杖责、监禁等方式以示惩罚，继续追逼。

时村中来一驼背巫，能以神卜。成妻具资诣问①，见红女白婆，填塞门户。入其舍，则密室垂帘，帘外设香几。问者爇(ruò)香②于鼎，再拜。巫从旁望空代祝③，唇吻翕(xī)辟④，不知何词。各各竦(sǒng)立以听。少间，帘内掷一纸出，即道人意中事，无毫发爽。成妻纳钱案上，焚拜如前人。食顷，帘动，片纸抛落。拾视之，非字而画：中绘殿阁，类兰若(rě)⑤。后小山下，怪石乱卧，针针丛棘，青麻头⑥伏焉。旁一蟆，若将跳舞。展玩不可晓。然睹促织，隐中胸怀。折藏之，归以示成。

【注释】①[具资诣问] 准备好钱财前去询问。具，准备。诣，到、前往。②[爇香] 点燃香。③[祝] 祷告。④[翕辟] 开合。翕，合。辟，开。⑤[兰若] 寺庙，梵语"阿兰若"的简称。⑥[青麻头] 蟋蟀品名。下文的"蝴蝶""螳螂""油利挞""青丝额"，也是上品蟋蟀的名称。

成反复自念，得无①教我猎虫所耶？细瞻景状，与村东大佛阁真逼似。乃强起扶杖，执图诣寺后，有古陵蔚起。循陵而走，见蹲石鳞鳞②，俨然类画。遂于蒿莱中侧听徐行，似寻针芥。而心目耳力俱穷，绝无踪响。冥搜③未已，一癞头蟆猝然跃去。成益愕，急逐趁之，蟆入草间。蹑迹披求④，见有虫伏棘根。遽扑之，入石穴中。掭（tiàn）以尖草，不出；以筒水灌之，始出，状极俊健。逐而得之。审视，巨身修尾，青项金翅。大喜，笼归，举家庆贺，虽连城拱璧不啻（chì）也⑤。上于盆而养之，蟹白栗黄⑥，备极护爱，留待限期，以塞官责。

【注释】①[得无]莫非。②[蹲石鳞鳞]蹲踞着的一块块石头像鱼鳞般排列。③[冥搜]尽力搜索。④[蹑迹披求]跟随（蛤蟆的）踪迹，拨开（丛草）寻求。蹑，追随。⑤[虽连城拱璧不啻也]即使价值连城的宝玉也比不上它。拱璧，大璧，指极为珍贵的东西。不啻，比不上。⑥[蟹白栗黄]蟹肉和栗实，指蟋蟀吃的精饲料。

成有子九岁，窥父不在，窃发①盆。虫跃掷径出，迅不可捉。及扑入手，已股落腹裂，斯须就毙。儿惧，啼告母。母闻之，面色灰死，大骂曰："业根②，死期至矣！而翁归，自与汝覆算耳！"儿涕而出。

【注释】①[发]打开。②[业根]祸种，惹祸的东西。业，恶业，造成恶果的言语行为。

未几，成归，闻妻言，如被冰雪。怒索儿，儿渺然不知所往。既得其尸于井，因而化怒为悲，抢呼欲绝。夫妻向隅①，茅舍无烟，相对默然，不复聊赖②。日将暮，取儿藁（gǎo）葬③。近抚之，气息惙然。喜置榻上，半夜复苏。夫妻心稍慰，但蟋蟀笼虚，顾之则气断声吞，亦不敢复究儿。自昏达曙，目不交睫。东曦既驾④，僵卧长愁。忽闻门外虫鸣，惊起觇（chān）

视⑤，虫宛然尚在。喜而捕之，一鸣辄跃去，行且速。覆之以掌，虚若无物；手裁⑥举，则又超忽而跃。急趁之，折过墙隅，迷其所往。徘徊四顾，见虫伏壁上。审谛之，短小，黑赤色，顿非前物。成以其小，劣之。惟彷徨瞻顾，寻所逐者。壁上小虫忽跃落衿袖间。视之，形若土狗，梅花翅，方首，长胫，意似良。喜而收之。将献公堂，惴惴恐不当意，思试之斗以觇之。

【注释】 ①[向隅] 面对着墙角（哭泣）。②[不复聊赖] 不再有所指望。意思是因绝望而精神郁闷。聊赖，依赖、指望。③[藁葬] 用草席裹着尸体埋葬。④[东曦既驾] 太阳已经升起。东曦，指日神东君。曦，日光。既驾，已经乘车出来。古代传说，日神乘着六龙驾驭的车。⑤[觇视] 窥视，探看。⑥[裁] 同"才"。

村中少年好事者驯养一虫，自名"蟹壳青"，日与子弟角（jué）①，无不胜。欲居之以为利，而高其直，亦无售者②。径造庐③访成，视成所蓄，掩口胡卢④而笑。因出己虫，纳比笼中。成视之，庞然修伟，自增惭怍，不敢与较。少年固强之⑤。顾念蓄劣物终无所用，不如拼博一笑，因合纳斗盆。小虫伏不动，蠢若木鸡。少年又大笑。试以猪鬣毛⑥撩拨虫须，仍不动。少年又笑。屡撩之，虫暴怒，直奔，遂相腾击，振奋作声。俄见小虫跃起，张尾伸须，直龁（hé）敌领⑦。少年大骇，解令休止。虫翘然矜鸣，似报主知。成大喜。方共瞻玩，一鸡瞥来，径进以啄。成骇立愕呼。幸啄不中，虫跃去尺有咫（zhǐ）⑧。鸡健进，逐逼之，虫已在爪下矣。成仓猝莫知所救，顿足失色。旋见鸡伸颈摆扑，临视，则虫集冠上⑨，力叮不释。成益惊喜，掇置笼中。

【注释】 ①[日与子弟角] 天天和年轻人斗蟋蟀。子弟，年轻人。②[售者] 这里指买主。③[造庐] 到家。造，到。④[胡卢] 从喉咙发出的笑声，这里有轻蔑的意味。⑤[固强之] 坚持要较量较量。固，坚持、一定。强，强迫、迫使。⑥[猪鬣毛] 猪颈项上稍长的毛，质硬而粗。⑦[直龁敌领] 直接咬住敌方的脖子。龁，咬。领，脖子。⑧[尺有咫] 一尺多。咫，八寸。⑨[虫集冠上] 蟋蟀停落在鸡冠上。集，止。

115

翼日进宰，宰见其小，怒诃成。成述其异，宰不信。试与他虫斗，虫尽靡。又试之鸡，果如成言。乃赏成，献诸抚军①。抚军大悦，以金笼进上，细疏②其能。既入宫中，举天下所贡蝴蝶、螳螂、油利挞、青丝额一切异状遍试之，无出其右者。每闻琴瑟之声，则应节而舞。益奇之。上大嘉悦，诏赐抚臣名马衣缎。抚军不忘所自，无何，宰以卓异③闻，宰悦，免成役。又嘱学使④俾入邑庠⑤。后岁余，成子精神复旧，自言身化促织，轻捷善斗，今始苏耳。抚军亦厚赉（lài）⑥成。不数岁，田百顷，楼阁万椽，牛羊蹄躈（qiào）⑦各千计；一出门，裘马过世家焉。

【注释】①［抚军］即巡抚，总管一省民政和军政的高级官员。②［细疏］公文上详细地分条陈述。③［卓异］（才能）优异。考核官吏政绩的评语。④［学使］即提学，负责一省学校事务，主持岁考、科考的官员。⑤［俾入邑庠］使（他）进入县学，即取中秀才。俾，使。⑥［赉］赠送，赏赐。⑦［蹄躈］蹄为脚，躈为肛门，四蹄加一窍（肛门或口）为五，算一头牲畜。

异史氏①曰："天子偶用一物，未必不过此已忘；而奉行者即为定例。加以官贪吏虐，民日贴妇卖儿，更无休止。故天子一跬步，皆关民命，不可忽也。独是成氏子以蠹（dù）贫②，以促织富，裘马扬扬。当其为里正、受扑责时，岂意其至此哉？天将以酬长厚者，遂使抚臣、令尹③，并受促织恩荫。闻之：一人飞升，仙及鸡犬。信夫！"

【注释】①［异史氏］作者自称。②［以蠹贫］因胥吏侵害而贫穷。蠹，蛀虫，这里比喻胥吏。③［令尹］县令、府尹。这里是沿用古称。

译文

明朝宣德年间，皇宫中流行斗蟋蟀，每年向老百姓征收蟋蟀。这种昆虫原本不是陕西出产的。有个华阴县的县令想讨好上级，进献了一只蟋蟀。试着使它斗了一下，这只蟋蟀很善斗，于是上级责令他经常上供。县令责令里正按时上供蟋蟀。市场上游手好闲的人，捉到好蟋蟀就用笼子装起来喂养，哄抬蟋蟀的价值，把它囤积起来作为奇珍高价卖出。乡里的差役奸诈狡猾，借机向老百姓摊派人头税，每摊派一只蟋蟀，常常要倾尽好几户家庭的资产。

县里有个叫成名的读书人，长期未考中秀才。为人拘谨，不善说话，就被刁诈的小吏报到县里，叫他担任里正的差事。他想尽方法却摆脱不掉这差事。不到一年，微薄的家产就一点一点赔光了。正好又碰上征收蟋蟀，成名不敢勒索老百姓，但又没有抵偿的钱，忧愁苦闷得想要寻死。他妻子说："死有什么益处呢？不如自己去寻找，也许还有希望找到一只。"成名认为这些话很对。于是早出晚归，提着竹筒丝笼，在破墙脚下、荒草丛里，挖石头、掏虫洞，各种办法都用尽了，一直没有找到。即使捉到二、三只，也是又弱又小，不合规格。县官定了限期，追着成名让他交差，十几天下来，成名被打了上百板子，两条腿脓血淋漓，连蟋蟀也不能去捉了，在床上翻来覆去只想自杀。

这时，村里来了个驼背巫婆，她能借鬼神预卜凶吉。成名的妻子准备了礼钱去求神。只见红颜的少女和白发的老婆婆挤满门口。成名的妻子走

一人飞升，仙及鸡犬

"一人飞升，仙及鸡犬"这句话是从晋代葛洪《神仙传》里来的，据这本书记载，西汉淮南王刘安修炼成仙，飞升天上。他剩下的仙药被家中的鸡和犬啄食了，于是鸡和犬也飞升成了仙。也有"一人得道，鸡犬升仙"的说法，比喻一个人发迹了，同他有关系的人都跟着得势。

进巫婆的屋里，只看见暗室拉着帘子，帘外摆着香案。求神的人在香炉里上香，拜了又拜。巫婆在旁边望着空中替他们祷告，嘴唇一张一合，不知在说些什么。大家都肃敬地站着听。一会儿室内丢出一张纸条来，那上面就写着求神的人心中所想问的事情，没有丝毫差错。成名的妻子把钱放在案上，像前边的人一样烧香跪拜。约一顿饭的工夫，帘子动了，一片纸抛落下来。拾起一看，不是字，而是一幅画，绘着殿阁，像寺院一样；殿阁后的山脚下横着一些奇形怪状的石头，长着一丛丛荆棘，一只青麻头蟋蟀伏在那里；旁边一只癞蛤蟆，好像要跳起来。她看了一阵，不懂什么意思。但是看到上面画着蟋蟀，正合心事，就折叠装好，回家交给成名。

　　成名看后反复思索，莫非是指给我捉蟋蟀的地方吗？细看图上面的景物，和村东的大佛阁很像。于是他忍痛爬起来，扶着杖，拿着图到寺庙的后面，看到有一座古坟高高隆起。成名沿着古坟向前走，见一块块石头像鱼鳞似的排列着，如画中一样。他在野草中一面侧耳细听一面慢走，好像在找针或小草似的，然而心力、视力、耳力都用尽了，还是连蟋蟀的踪迹响声都没有。他正用心探索着，突然一只癞蛤蟆跳过去。成名更加惊奇，急忙去追，癞蛤蟆跳入草中。他便跟着拨开丛草去寻找，只见一只蟋蟀趴在棘根下，他急忙扑过去，蟋蟀跳进石洞。他用细草撩拨，蟋蟀不出来；他又用竹筒取水灌进石洞，蟋蟀才出来，形状极其健美。他跑上去抓住了它。仔细一看，只见蟋蟀个儿大、尾巴长、青色的脖颈、金色的翅膀。成名很高兴，用笼子装上提回家，全家庆贺，把它看得比价值连城的宝玉还珍贵，装在盆里用蟹肉和栗实喂它，保护得周到极了，只等到了期限，拿它送到县里交差。

　　成名有个儿子，已经九岁了，看到爸爸不在家，就偷偷打开盆子。蟋蟀一下跳出来，快得来不及捕捉。等抓到手后，蟋蟀的腿掉了，肚子也破了，一会儿就死了。孩子害怕，就哭着告诉妈妈，妈妈听后面色灰白，大骂说："祸种，你的死期到了！你爸回来，自然会跟你算账！"孩子哭着跑了。

不多时成名回来，听了妻子的话，全身好像盖上冰雪一样。怒气冲冲地去找儿子，儿子无影无踪。后来在井里找到儿子的尸体，怒气立刻化为悲痛，呼天喊地，悲痛欲绝。夫妻二人对着墙角哭泣，屋里没有炊烟，面对面坐着也不说话，不再有所指望。傍晚时才拿上草席准备将孩子埋葬。夫妻走近一摸，发现儿子还有一丝微弱的气息。他们高兴地把孩子放在床上，孩子半夜才醒过来。夫妻二人心里稍得宽慰。成名回头看到蟋蟀笼空着，就气吐不出，话说不出，也不敢再追究儿子。从晚上到天明，眼睛也没合一下。太阳已经升起来了，他还僵直地躺在床上发愁。忽然听到门外有蟋蟀叫，他吃惊地起来探看，那只蟋蟀仿佛还在。他高兴得动手捉它，那蟋蟀一跳就走了，跳得非常快。他用手掌去罩住它，手心空荡荡的好像没有东西；手刚举起，蟋蟀就远远地跳开了。成名急忙追它，转过墙角，又不知它的去向了。他四下寻找，才看见蟋蟀趴在墙上。成名仔细看它，个儿短小，黑红色，觉得它不像先前那只。成名因它个儿小，看不上。仍不停来回找他所追捕的那只。墙壁上的小蟋蟀忽然跳到他的衣袖上。成名再仔细看它，形状像蝼蛄，梅花翅膀，方头长腿，觉得好像还不错。便高兴地收下了它。准备献给官府，但是心里还很不踏实，怕不合县官的心意，他想先试着让它斗一下，看它怎么样。

村里一个多事的少年养了一只蟋蟀，取名"蟹壳青"，每日跟其他少年斗蟋蟀，无往不胜。他想居为奇货牟取暴利，便抬高价格，但是没有人买。这少年径自上门找成名，看到成名所养的蟋蟀，只是掩口笑。于是取出自己的蟋蟀，放进斗蟋蟀的笼子。成名一看对方的蟋蟀又长又大，自己越发羞愧，不敢拿自己的蟋蟀来较量。少年坚持要斗，成名心想养着这低劣的东西，也没啥用处，不如让它斗一斗，换得一笑。因而把两只蟋蟀放在一个斗盆里。小蟋蟀趴着不动，呆呆地像个木鸡，少年又大笑。试着用猪颈毛撩拨小蟋蟀的触须，它仍然不动，少年又大笑。撩拨好几次，小蟋蟀突然大怒，直往前冲，于是互相斗起来，振动翅膀发出虫鸣声。一会儿，只见小蟋蟀跳起来，张开尾，竖起须，一口咬住对方的脖颈。少年大惊，急忙分开它们，使它们停止扑斗。小蟋蟀抬头振翅得意鸣叫，好像给主人报捷。成名大喜。两人正在一起观赏，突然来了一只鸡，直向小蟋蟀啄去。成名吓得站在那里惊叫起来。幸好没有啄中，小蟋蟀一跳有一尺多远。鸡又大步地上前，追逼它，小蟋蟀已被压在鸡爪下。成名惊慌失措，不知怎么救它，急得直跺脚，脸色都变了。忽然又见鸡伸长脖子扭摆着头，到跟前仔细一看，原来小蟋蟀已蹲在鸡冠上用力叮着不放。成名越发惊喜，捉下放在笼中。

　　第二天，成名把蟋蟀进献给县官，县官看见蟋蟀这么小，怒斥成名。成名讲述这只蟋蟀的奇异之处，县官不信。让它和别的蟋蟀搏斗，所有的对手都被斗败了。又试着和鸡斗，果然如成名所说。于是赏赐了成名，把蟋蟀进献给了巡抚。巡抚很高兴，用金笼装起来献给皇帝，并且写了奏疏详细描述它的特异功能。送到皇宫后，全天下进贡的蝴蝶、螳螂、油利挞、青丝额等各种奇异的蟋蟀，都试着和它斗，没有比它强的。它每次听到琴瑟的声音，都能跟随节拍跳舞，大家更加觉得它奇特。皇帝非常高兴，下诏赏赐给巡抚名马和绸缎。巡抚不忘记好处是从哪来的，不久，县官就以才能卓越而奏闻了。县官一高兴，就免除了成名的差役，又嘱咐主考官，让成名进入县学做了秀才。一年多以后，成名的儿子精神恢复了。他自己说他变成一只蟋蟀，轻快敏捷擅长搏斗，现在才苏醒过来。巡抚重赏了成名。没过几年，成名就有了一百多顷田地，楼房万间，还有成百上千的牛羊；

每次出门，穿好衣服，骑大骏马，比世代做官的人家还阔气。

　　异史氏说："皇帝偶然用一件东西，未必不是用过之后就忘记了；然而执行的人却把它作为惯例。再加上官吏贪婪暴虐，老百姓每天都出卖妻儿，暴政更加没有休止。所以皇帝迈出的一小步，都关系着百姓的性命，不可疏忽大意啊！唯独这个成名因为官吏的侵害而贫穷，又因为进贡蟋蟀而暴富，穿皮衣，骑好马，得意扬扬。当他担任里正、受到责打的时候，哪里想到会有这种境遇呢！老天要酬劳那些忠厚的人，就让抚臣、县官一并受到蟋蟀的恩惠。听说：'一人得道升天，连家里的鸡狗都一块成仙了。'确实如此啊！"

阅读提示

《促织》中"求神问卜"和"魂化促织"的情节带有神秘色彩，是幻想与现实相交融的写作手法，要透过这些描写，去体会此篇文章的现实主题。

欣赏文言之美

　　《促织》是一篇短篇小说，写一个叫成名的小人物的悲喜人生。这篇小说围绕一只"蟋蟀"写出成名命运的大起大落和大悲大喜，得蟋蟀而大喜，蟋蟀死导致儿子跳井转为大悲和大落，家庭失去了生活的希望。这一切都只因为华阴县令给皇帝进献了一头蟋蟀，皇帝非常喜欢，然后献蟋蟀成为惯例，百姓苦不堪言。而成名的儿子死而复苏，成名得到一只更加神勇的蟋蟀，进献到皇帝那里，竟然得到了连刻苦读书都没有得到的地位和财富。故事带有强烈的荒诞感和讽刺意味。

狼

[清] 蒲松龄

小档案

出　　处：《聊斋志异》。
主　　题：人与动物之间的斗争。

一屠晚归，担中肉尽，止有剩骨。途中两狼，缀（zhuì）行甚远①。

【注释】①[缀行甚远]紧跟着走了很远。缀，连接、紧跟。

屠惧，投以骨。一狼得骨止，一狼仍从。复投之，后狼止而前狼又至。骨已尽矣，而两狼之并驱如故①。

【注释】①[两狼之并驱如故]两只狼像原来一样一起追赶。驱，追随、追赶。

屠大窘（jiǒng），恐前后受其敌。顾野有麦场，场主积薪①其中，苫（shàn）蔽成丘②。屠乃奔倚其下，弛担持刀。狼不敢前，眈眈（dān）相向③。

【注释】①[积薪]堆积柴草。②[苫蔽成丘]覆盖成小山一样。苫蔽，覆盖、遮盖。③[眈眈相向]瞪眼朝着屠户。眈眈，凶狠注视的样子。

少（shǎo）时，一狼径去，其一犬坐于前。久之，目似瞑（míng），意暇甚①。屠暴起，以刀劈狼首，又数刀毙之。方欲行，转视积薪后，一狼洞其中，意将隧入②以攻其后也。身已半入，止露尻（kāo）③尾。屠自后断其股，亦毙之。乃悟前狼假寐，盖④以诱敌。

【注释】①[意暇甚]神情很悠闲。意，这里指神情、态度。暇，从容、悠闲。②[隧入]从通道进入。隧，指从柴草堆中打洞。③[尻]屁股。④[盖]表示推测，大概，原来是。

狼亦黠（xiá）矣，而顷刻两毙，禽兽之变诈几何哉①？止增笑耳。

【注释】①[禽兽之变诈几何哉]禽兽的诡诈手段能有多少啊。

译文

　　一个屠户傍晚回家,他担子里的肉卖完了,只剩几根骨头。屠户半路上遇到两只狼,这两只狼尾随他走了很远。

　　屠户感到害怕,就扔了一根骨头给狼。一只狼得到骨头停下来,另一只狼仍然跟在屠户的身后。屠户再次扔出骨头,后得骨头的狼停下,之前得骨头的狼又跟上来。骨头扔完了,可两只狼还像之前一样一起追赶屠户。

　　屠户感到处境危急,担心自己遭受狼的两面攻击。他看到田野中有个麦场,麦场的主人把柴草堆在那里,堆成了小山。屠户奔跑过去倚靠在柴堆下,卸下担子握起屠刀。两只狼不敢上前,瞪眼望着屠户。

　　一会儿,一只狼离开,另一只狼像狗一样蹲在屠户面前。过了一会儿,蹲坐的那只狼,眼睛似乎闭上了,神情悠闲。屠户突然跳起来,用刀猛砍狼头,连砍几刀把它杀死了。屠户刚打算离开,转身去柴堆后一看,另一只狼在挖洞,想从柴堆中打洞来攻击屠户的身后。狼的身体已经钻进去一半,只露出屁股和尾巴。屠户从后面砍断了狼的大腿,也把它杀死了。这时屠户才明白,前面的狼假装睡觉,原来是想引诱自己。

　　狼真是太狡猾了,可是一会儿工夫它们就都被杀死,禽兽的诡诈手段能有多少啊!只不过是给人增加笑料罢了。

欣赏文言之美

　　蒲松龄的《聊斋志异》中有三则关于狼的故事,而且三则故事的主人公都是屠户,故事的结局也都是屠户战胜了狡黠的狼。这则故事中的两头狼倾尽了狼的"智慧",而屠夫的智慧更胜一筹,最终杀死了这两头狼。这则故事带给人们的启示:狼贪婪、凶狠、狡诈,对待像狼一样的恶人,不能恐惧、妥协,而要像屠夫一样善于斗争。

袁枚：文人中的美食家

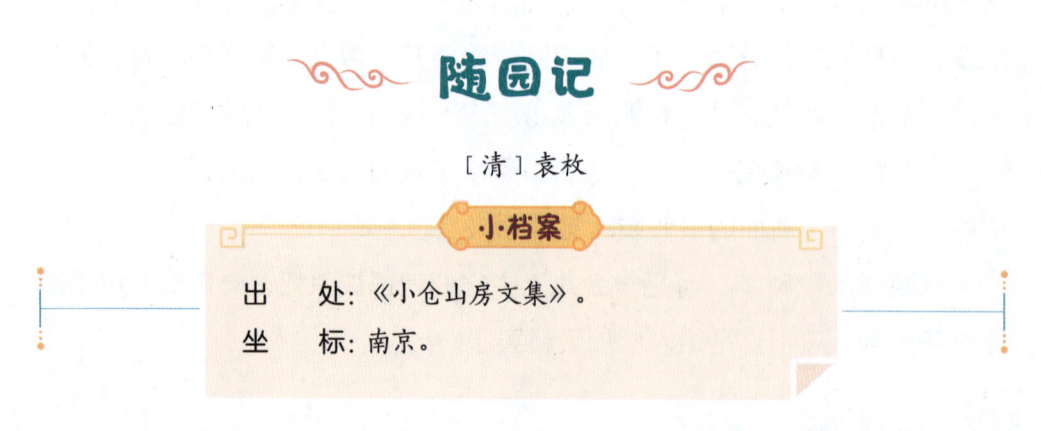

袁枚（1716—1798），字子才，号简斋，别号随园老人。浙江钱塘（今杭州）人，乾隆年间的进士。袁枚二十岁之前在杭州读书，二十一岁时去广西看望做幕僚的父亲，长途跋涉中领略了神奇的自然风光，饱览名山大川，酷爱写诗的袁枚一路上写了很多怀古诗和记游诗，成就了他的《小仓山房诗集》。袁枚不仅是一位诗人、文学家，更是美食家，相比较他的诗文，后人对《随园食单》中的美食更加推崇，他对食材十分讲究，达到了"食不厌精、脍不厌细"的程度，袁枚曾说："三年出一个状元，三年出不得一个好火腿。"

随园记

[清] 袁枚

小·档案

出　　处：《小仓山房文集》。
坐　　标：南京。

金陵自北门桥①西行二里，得小仓山，山自清凉②胚胎③，分两岭而下，尽桥而止。蜿蜒狭长，中有清池水田，俗号干河沿④。河未干时，清凉山为南唐避暑所⑤，盛可想也。凡称金陵之胜者，南曰雨花台⑥，西南曰莫愁湖⑦，北曰钟山⑧，东曰冶城⑨，东北曰孝陵⑩，曰鸡鸣寺⑪。登小仓山，诸景隆然上浮。凡江湖之大，云烟之变，非山之所有者，皆山之所有也。

【注释】①［北门桥］位于南京市，因地处南唐国都江宁府城北门而得名。②［清凉］清凉山，在南京城西。③［胚胎］此指小仓山为清凉山余脉。④［干河沿］北门桥所跨河道，是五代杨吴时代的城北护城河，俗称"杨吴城濠"。⑤［南唐避暑所］清凉山广惠禅寺，南唐时为避暑行宫。⑥［雨花台］在南京城中华门外。⑦［莫愁湖］在南京城水西门外，传说南朝时莫愁女居于此而得名。⑧［钟山］在南京城中山门外，又名金陵山、紫金山。⑨［冶城］相传吴王夫差冶铁于此，故名。⑩［孝陵］为明太祖朱元璋的陵墓，在南京钟山南麓。⑪［鸡鸣寺］在南京市玄武区鸡笼山东麓。南朝建同泰寺。明代洪武年间在其旧址建鸡鸣寺。

康熙①时，织造隋公②当山之北巅，构堂皇③，缭垣牖（yǒu）④，树之荻（dí）千章⑤，桂千畦，都人游者，翕然盛一时，号曰隋园，因其姓也。后三十年，余宰江宁⑥，园倾且颓弛，其室为酒肆，舆台嚾呶（huān náo）⑦，禽鸟厌之不肯妪（yù）伏⑧，百卉芜谢，春风不能花。余恻然⑨而悲，问其值，曰三百金，购以月俸。茨墙剪园，易檐改途。随其高，为置江楼；随其下，为置溪亭；随其夹涧，为之桥；随其湍流，为之舟；随其地之隆中而欹（qī）侧也，为缀峰岫（xiù）⑩；随其蓊（wěng）郁⑪而旷也，为设宧窔（yí yào）⑫。或扶而起之，或挤而止之，皆随其丰杀繁瘠⑬，就势取景，而莫之夭阏⑭者，故仍名曰随园，同其音，易其义。

【注释】①［康熙］清代皇帝玄烨的年号。②［织造隋公］江宁织造隋赫德。③［堂皇］广大的堂厦。④［缭］围绕。［垣］墙。［牖］窗户。⑤［荻］即楸树。［章］株。⑥［宰江宁］当江宁县令。⑦［舆台］奴仆，地位低贱的人。［嚾呶］喊叫吵闹。⑧［妪伏］

本义是指鸟孵卵,引申为栖息。⑨[恻然]悲伤难过的样子。⑩[岫]山峰。⑪[蓊郁]茂盛浓密的样子。⑫[宦窔]房屋的东北角与东南角。古代建房,多在东南角设厕所,东北角设厨房。此即代指这些设施。⑬[丰杀繁瘠]丰茂或者肃杀,繁密或者贫瘠。⑭[莫之夭阏]谓不阻挡或者改变(山原来的走势)。

　　落成,叹曰:"使吾官于此,则月一至焉;使吾居于此,则日日至焉。二者不可得兼,舍官而取园者也。"遂乞病①,率弟香亭②、甥湄君③移书史居随园。闻之苏子④曰:"君子不必仕,不必不仕。"然则余之仕与不仕,与居兹园之久与不久,亦随之而已。夫两物之能相易者,其一物之足以胜之也。余竟以一官易此园,园之奇,可以见矣。

　　己巳三月记。

【注释】①[乞病]谓假托有病而请求辞官。②[香亭]袁枚弟袁树,号香亭。③[湄君]袁枚外甥陆建,字湄君,号豫庭。④[苏子]宋代文豪苏轼。

译文

　　在南京,从北门桥向西走二里路,就走到小仓山。小仓山是清凉山的

余脉，分成两个山岭向下延伸，一直到桥边才止住。山岭蜿蜒狭长，中间有清澈的池塘、水田，俗称干河沿。河没有干涸的时候，清凉山是南唐皇帝避暑的地方，当时的繁华盛景可想而知。凡是称得上金陵名胜的，南边的有雨花台，西南边的有莫愁湖，北边的有钟山，东边的有冶城，东北边的有孝陵，还有鸡鸣寺。登上小仓山，众多景物就像突然漂浮起来一样，不管是江河湖泊的广大，还是云霞烟雾的变幻，不是小仓山拥有的景致，但是却都是此山能够享有的资源。

康熙年间，江宁织造隋赫德大人在山的北边顶上，构建起广大的堂厦，围一圈院墙，栽种上千株荻木，上千畦桂花。城里来游玩的人，热闹兴盛一时，人们给这座园林起名叫隋园，因为主人姓隋。三十年后，我主持江宁政事。见园子已倾塌就要荒废败坏，其中的房屋被改成酒楼，奴仆吵闹喧嚣，小鸟都讨厌这个地方不肯来栖息，百花荒芜凋谢，春风也不能让花开放。我内心哀怜悲伤，询问园子的价格，报价说三百两银子。我拿俸禄买下来。用茅草篱笆盖墙，更换屋檐重新粉刷。顺着地势高的地方，建成临江楼阁；在地势低的地方，修建溪旁亭子；顺着溪水流过的山谷，修了桥；在水流湍急的地方，造了船；顺着地势隆起而倾斜险峻的地方，点缀山峰的气势；在草木茂盛而地势平坦的地方，设置了厨房厕所。有些景色被加强而更加突出，有些景色被挤压而受到抑制，都是顺着环境的丰茂或肃杀、繁密或贫瘠而确定的，根据地势选取景色，不阻挡或改变山地本来的走势，因此仍然称之为随园，和隋同音，但意思是不同的。

园子建成后，我感叹说："让我在这里做官，那么一个月来一次；让我居住在这里，那么每天都来。二者不能同时得到，就辞去官职而选择园子。"于是我托病辞官，带着弟弟袁香亭、外甥陆湄君搬来图书居住在随园。听苏轼说过："品德高尚的人不一定非要做官，也不一定非不做官。"然而我做官还是不做官，和住这个园子的长久与否，是相互关联的。两个

读懂 小古文 爱上 大语文

事物能够交换，必定其中的一个完全可以胜过另一个。我竟然用官职来交换这座园子，这个园子的奇妙，可想而知了。

欣赏文言之美

随园的原名为隋园，袁枚买下来修葺之后改名为随园，"随"字不仅体现了作者洒脱的处世观，也体现了园林建造的奥妙，追随自然环境的条件，虽为人造却巧若天工。《随园记》写出袁枚宁可居于园林纵情山水、也不愿为官的取舍，引用苏轼"君子不必仕，不必不仕"来表明自己顺遂自然的心态，在鱼和熊掌不可兼得时，他选择了世人眼中的"鱼"而舍弃了世俗认可的"熊掌"，可见，袁枚是追随自己内心的。

随园食单

除诗文之外，袁枚还有一个重要的标签，就是美食家，他写的一部经典烹饪学著作《随园食单》，成为美食家的必读书。这部书出版于1792年，记载了300多种菜肴餐点和美食名茶，其中有很多菜肴至今仍然可参照制作，非常实用。

戏答陶怡云馈鸭

[清] 袁枚

小·档案

出　　处：《随园尺牍》。
文　　体：书信。

　　赐鸭一只，签标"雏"字，老夫欣然。取鸭谛（dì）①观，其哀葸（xǐ）②龙钟③之状，乃与老夫年纪相似。烹而食之，恐不能借西王母之金牙铁齿，俾喉中作锯木声。畜而养之，又苦无吕洞宾丹药，使此鸭返老还童，为唤奈何？若云真个"雏"也，则少年老成与足下相似，仆只好以宾礼④相加，不敢以食物相待也。昔公父⑤文公宴路堵父⑥，置鳖焉小，堵父不悦，辞曰："将待鳖长而后食之。"仆仿路堵之意，奉璧⑦足下，将使此鸭投胎再生，而后食之何如？

【注释】①[谛]仔细。谛观，仔细察看。②[哀葸]可怜害怕的样子。③[龙钟]年老衰弱之状。④[宾礼]对待宾客之礼。⑤[公父]春秋时期鲁国公父文伯。⑥[路堵父]公父宴请南宫敬叔饮酒时的陪客。⑦[奉璧]意为原样奉还，用战国时赵国蔺相如完璧归赵的典故。

译文

　　你赠送我一只鸭子，标签上写的是"小鸭子"，我很高兴。取出鸭子仔细观看，它那可怜害怕、衰老无助的样子，就和我这老头的年龄相当。若烹煮后吃它，恐怕不能借到西王母那金牙铁齿来咀嚼，使喉咙中发出像锯木头一样的声音。要是留着饲养它，又苦于没有吕洞宾的仙丹妙药，好

读懂 小古文 爱上 大语文

让鸭子返老还童。面对这只鸭子,我只能喊该怎么办?如果说这真是个小鸭子,那年龄小却老练成熟的程度和你是类似的,我只好用接待宾客的礼仪来对待,不敢把它当作可以吃掉的食物。过去公父文伯宴请路堵父,准备的鳖太小,路堵父不高兴,推辞说:"请等鳖长大了再吃吧。"我也模仿路堵父的意思,原物退还给您,希望这只鸭子投胎转世变成嫩鸭子,之后再吃它怎么样?

欣赏文言之美

这篇小短文最大的特色是什么呢?恐怕就是读起来特别有趣。全文一百六十多字,嬉笑嘲谑,妙趣横生。这封信其实只说了一件事——鸭老退回。但是作者却凭借幽默老道的文笔,洋洋洒洒写了一段文字。

袁枚抓住馈鸭者的签标"雏"字,把鸭的比喻"反弹"给冒失的赠鸭者,先将一军,让对方哭笑不得。接着讲了一则春秋时期路堵父"将待鳖长而后食之"的历史故事,既批评了对方的送礼不诚心,又委婉地表达了自己的"不悦"。

作者的率真,以及善于控制感情的理智,都表现得非常生动。最有趣的地方在于作者除了形容鸭之"老",还拉出西王母、吕洞宾为之助阵,西王母的"金牙铁齿"都咬不动,又没有吕洞宾的仙丹让鸭子返老还童,此鸭老到何种程度,可想而知了。调侃笔调,谐趣横生。

纪昀：《四库全书》总编辑

纪昀（1724—1805），乾隆年间进士，文学家。字晓岚，又字春帆，晚号石云，道号观弈道人。清代直隶献县（今河北沧州）人。他做过礼部尚书、协办大学士等要职，并曾任《四库全书》总纂修官。他所著的《阅微草堂笔记》是一部文言文笔记小说集，篇幅短小精悍，文风质朴简淡，内容多写妖怪鬼狐的故事，也有随笔杂谈，是清代文言小说的代表作之一。

狼子野心

［清］纪昀

小档案

出　　处：《阅微草堂笔记》。
文　　体：寓言。

有富室偶得二小狼，与家犬杂畜（xù）①，亦与犬相安。稍长，亦颇驯，竟忘其为狼。一日，主人昼寝厅事②，闻群犬呜呜作怒声，惊起周视，无一人。再就枕将寐，犬又如前。乃伪睡以俟③，则二狼伺其未觉，将啮（niè）④其喉，犬阻之不使前也。乃杀而取其革。此事从侄虞惇（dūn）言。狼子野心，信不诬哉⑤！然野心不过遁逸⑥耳；阳为亲昵，而阴怀不测，更不止于野心矣。兽不足道，此人何取自贻患⑦耶！

【注释】①［畜］养。②［厅事］住所的堂屋。③［俟］等待。④［啮］咬。⑤［信不诬哉］确实不虚妄啊。诬，虚假、虚妄。⑥［遁逸］逃跑，这里有隐藏之意。⑦［贻患］留下祸患。

读懂 小古文 爱上 大语文

译文

有一个有钱人家偶然获得两只小狼,将它们和家里的狗混在一起养。小狼和狗玩得很好,相安无事。后来,两只小狼渐渐长大了,它们相当驯服,以至于主人忘了它们是狼。一天,主人在大厅里睡觉,听到群狗发出愤怒的"呜呜"声,惊醒后向四周看,没有一个人。当他再将头贴上枕头准备入睡时,狗又像之前一样"呜呜"地怒吼。为了探明真相,主人假装睡着,等着看看接下来会发生什么。竟发现是两只狼等他睡着后,想趁机咬住他的喉咙,狗阻止了它们,不让它们靠近。于是主人杀了这两只狼并且扒下了它们的皮。这件事是我的堂侄虞惇讲述的。狼子野心,的确不假!它凶恶的本性不过是被隐藏起来了,这两只狼表面上装作很温驯,背地里却心怀不轨,这绝不只是出于凶恶的本性。禽兽不值得多说什么,我们更应该思考的是:这个富人为什么要收养这两只狼而给自己留下祸患呢?

欣赏文言之美

这是一篇寓言故事。文中的两只狼是主人从小喂养大的,表面上对主人很驯服,没想到最终却暴露了野性,想趁主人不注意咬死主人。故事虽然很短小,但是却引人入胜,人与狼生死较量的过程非常具体、生动。这篇寓言告诫人们,要认清本质,不要被表面现象所迷惑,忘记了事物的危险,放松了警惕,就可能反受其害。

河中石兽

[清]纪昀

小档案

出　　处：《阅微草堂笔记》。
坐　　标：河北沧州。
文　　体：文言小说。

　　沧州南一寺临河干（gān）①，山门②圮（pǐ）③于河，二石兽并沉焉。阅④十余岁，僧募金重修，求⑤二石兽于水中，竟⑥不可得。以为顺流下矣，棹（zhào）数小舟⑦，曳（yè）铁钯（pá）⑧，寻十余里无迹。

【注释】①[河干]河岸。②[山门]佛寺的外门。③[圮]倒塌。④[阅]经过，经历。⑤[求]寻找。⑥[竟]终了，最后。⑦[棹数小舟]划着几只小船。棹，划（船）。⑧[曳铁钯]拖着铁钯。曳，拖。铁钯，农具，用于除草、平土等。

　　一讲学家设帐①寺中，闻之笑曰："尔辈不能究物理②。是非木杮（fèi）③，岂能为暴涨携之去？乃石性坚重，沙性松浮，湮（yān）④于沙上，渐沉渐深耳。沿河求之，不亦颠⑤乎？"众服为确论⑥。

【注释】①[设帐]设馆教书。②[尔辈不能究物理]你们这些人不能探求事物的道理。尔辈，你们这些人。究，研究、探求。物理，事物的道理、规律。③[是非木杮]这不是木片。是，这。木杮，削下来的木片。④[湮]埋没。⑤[颠]颠倒，错乱。⑥[众服为确论]大家很信服，认为是正确的言论。

　　一老河兵①闻之，又笑曰："凡河中失石②，当求之于上流。盖石性坚重，沙性松浮，水不能冲石，其反激之力③，必于石下迎水处啮（niè）④沙为坎穴⑤，渐激渐深，至石之半，石必倒掷坎穴中。如是再啮，石又再转。

阳春白雪落人间：明清古文

转转不已⑥，遂⑦反溯流⑧逆上矣。求之下流，固颠；求之地中，不更颠乎？"如其言，果得于数里外。然则天下之事，但知其一，不知其二者多矣，可据理臆断欤？

【注释】①〔河兵〕巡河、护河的士兵。②〔失石〕丢失的石头，这里指落入水中的石头。③〔反激之力〕河水撞击石头返回的冲击力。④〔啮〕咬，这里是侵蚀、冲刷的意思。⑤〔坎穴〕坑洞。⑥〔不已〕不停止。⑦〔遂〕于是。⑧〔溯流〕逆流。

译文

　　沧州的南面有一座寺庙靠近河岸，寺的外门倒塌在了河里，门前的两只石兽也一起沉没在河水中。过了十多年，僧人们募集资金重修寺庙，想在河水中寻找两只石兽，最终还是没找到。僧人们认为石兽顺着水流流到下游了，于是划着几只小船，拖着铁钯，沿着下游寻找了十几里，依然没有发现石兽的踪迹。

　　一个讲学的人在寺庙中设馆教书，听说了这件事，就笑着说："你们这些人真是不懂得事物的原理啊。这不是木片，怎么能被暴涨的河水冲走呢？石头的特性是坚硬沉重，泥沙的特性是松软浮动，石兽埋在沙里，越沉越深罢了。沿着河流寻找石兽，不是很荒唐吗？"大家信服了，认为这个人的说法是正确的。

　　一位老河兵听说了讲学家的分析，也笑着说："凡是落入河中的石头，都应当去上游寻找它们。因为石头的特性是坚硬沉重，河沙的特性是松软轻浮，水流不能冲走石头，河水撞击石头产生的冲击力，必定会在石头下面迎着水流的地方冲刷沙子形成坑洞。水流激荡，沙坑越来越深，当坑洞扩大到石头底部的一半时，石头必然倒下来掉入坑洞中。像这样水流再次冲刷，石头又会再次转动。这样不停地翻转，于是石头反而逆流跑到上游去了。到河的下游寻找石兽，固然荒唐；在石兽沉没的地方寻找它们，不是更荒唐吗？"人们按照他所说的去寻找，果然在几里外的上游找到了石兽。

既然这样，那么天下的事情，只知道其一，不知道其二的情况太多了，怎么能只根据某个道理就主观判断呢？

欣赏文言之美

《河中石兽》记述了石兽掉入河水中，最终被打捞起来的故事。文章可分为两部分，先叙事，后议论。先交代背景，石兽入水，寻找未果。紧接着写讲学的学者和老河兵的不同看法：前者认为石兽坚硬沉重，被冲到下游去很荒唐，应该被河沙沉埋；后者认为石兽既不在下游，也不在河沙中，而是在河水不断的冲刷中逆流而上，应该在上游。按照老河兵的说法，石兽最终在上游被找到。

最后，在事情之外，作者发出议论，写了自己对于此事的思考，并以反问句的形式点明文章主旨：认识事物要全面了解与分析，不能简单地看表面，或者在对事情一知半解的情况下不要妄下结论，要认真全面地了解事情的真实状况。天下只知其一不知其二的事情很多，不能按照常理主观臆断。很多事情的真相，和你所想的刚好相反。

阅微草堂

阅微草堂是纪晓岚的居所，现位于北京市珠市口西大街。纪晓岚前后在阅微草堂居住60多年。他的短篇志怪小说集取名为《阅微草堂笔记》，搜集了很多狐鬼神仙、因果报应、劝善惩恶的怪谈，以及他亲身经历的奇事，《河中石兽》是其中一篇探求规律和哲理的故事。

曾国藩：气度成就人生

曾国藩（1811—1872），字伯涵，号涤生，湖南湘乡人，既是中国近代史上著名的政治家、战略家，也是文学家、书法家。天资并不出色的曾国藩通过自己努力，一步一步成了中国传统文化的集大成者。

天资真的很一般

因天资聪颖而青史留名的文人不在少数，而曾国藩的资质真的不怎么好。首先，他身体不好，32岁眼睛就得了病，迷迷糊糊几乎看不清楚东西，到了晚年有一只眼睛彻底失明。他48岁时有一篇日记中说自己的身体已经像70多岁的老人一样，连走路都需要搀扶。一个人身体这么弱，却取得了这么大的成就，你可能会觉得他一定很聪明，但事实是他并不聪明，甚至到了愚笨的程度，就连考秀才也是第七次时以倒数第二名的成绩考中的。

勤奋内省且持之以恒

短时间的勤奋容易做到，而像曾国藩那样一辈子都很勤奋是一件很困难的事情。曾国藩一边做官，一边带兵打仗，还能保持笔耕不辍的习惯，有人粗略计算，他一辈子写了2000多万字的著作。曾国藩直到生命的最后都没有停止高强度的工作，也没有停止自省，来看看他去世前的工作日程：

同治十一年正月二十九日（1872年3月7日），离世前第五天：诊脉2次，开药方，早饭后清理文件，接待客人5次，读《二程遗书》，接待客人谈话，午饭后批阅文件，接着见客，傍晚小睡，夜里核改信件5件，约500字。

离世前第四天：他的日记中记录，"通籍三十余年，官至极品，而学业一无所成,德行一无可许,老大徒伤",一个官至极品的老人,即将离世,还在自谦一无所成。

离世前第三天:如往常般工作,手发抖,不能握笔,不能说话,不得已停止办公。

离世前一天:起床后看病,早饭后清理文件,阅读《理学宗传》,下了两局围棋,再读《理学宗传》,午饭后批阅文件,接见客人,小睡后继续工作,手抖不能继续办公,接着读《理学宗传》,到凌晨才睡。

一直读书,一直办公,直到离世。能把高强度工作、读书、修身养性完美结合在一起的,古今少有,曾国藩做到了。

政治上的官场楷模

曾国藩是晚清官场非常有影响力的人物,他带头引进西方现代文化,发起以"自强"为目的的洋务运动。曾国藩提倡的人生理想、精神境界、道德修养和自我完善的一些具体做法,如做人要反省内求、磨砺意志、勤俭刻苦、力戒虚骄,做官要清廉奉公、兢兢业业、坚忍奋斗,在当时产生了很大的影响。他一生严于治军、治家、修身、养性,实践了立功、立言、立德的封建士大夫的最高追求,后人称赞他为"官场楷模"。

家书成为宝典

曾国藩留给后人最有借鉴价值的是一封封承载他思想精华的家书,这些家书被誉为"修身、齐家、治国、平天下"的宝典,他的人生气度也在这些家书中表达得淋漓尽致。他主张人生修养要仁爱宽厚、沉着大气,在读书学习上坚忍淡定,在治家上以和为贵,在为政上刚柔相济、廉洁奉公,在人际关系上谦虚礼让、勇于担当。坚忍、自信、自强、担当、谦虚、仁爱……各个方面都体现出成就大事者的恢宏气度。

曾国藩家书名句三则（节选）

[清] 曾国藩

小档案

出　　处：曾国藩家书。
文　　体：书信。

　　盖①士人读书，第一要有志，第二要有识，第三要有恒。有志则断不甘为下流，有识则知学问无尽，不敢以一得自足，如河伯之观海，如井蛙之窥②天，皆无识者也。有恒则断无不成之事。此三者缺一不可。

【注释】①[盖]但凡，凡是。②[窥]看，窥测。

　　吾常见夸己者，以要誉而受嗤也；吾常见媚人者，以求悦而招鄙也。夫士处世，无为可议，勿期人誉，无为可怨，勿期人悦。

　　多躁者必无沉毅之识，多畏者必无踔（chuō）越①之见，多欲者必无慷慨之节，多言者必无质实之心，多勇者必无文学之雅。

【注释】①[踔越]卓越。

译文

　　但凡知识分子读书，第一要有志向，第二要有见识，第三要有恒心。有志向就绝不甘心处于底层，有见识就知道学问没有穷尽，不敢以一点收获而自我满足，就像用河伯的眼光看大海，用井底之蛙的角度窥测天空，

那些都是没有见识的人。有恒心就绝对没有办不成的事情。这三个方面缺一不可。

我常看到夸耀自己的人，因为想得到赞誉而受人耻笑；我常见到献媚的人，因期待取悦他人而招人鄙夷。所以做官处世，不要做招人非议的事，不要期待他人的赞誉，不要做惹人怨恨的事，不要期待别人对你的所作所为感到愉悦。

性格急躁的人一定没有稳重成熟的见识，胆小怕事的人一定不会有卓越的见识，欲望太多的人一定没有慷慨大方的操守，夸夸其谈的人必然没有实事求是的精神，冒失只有蛮力的人一定缺少文学的儒雅。

欣赏文言之美

曾国藩的一生成就卓著，他是成功的政治家、军事家，他笔耕不辍，一生留下 2000 多万字，也是成功的文学家。就连曾国藩的兄弟子侄也能人辈出，他的兄弟曾国华、曾国荃、曾国葆都是当时著名的湘军将领，他的次子曾纪泽是清末外交家，幼子曾纪鸿是数学家……这与曾国藩一封封家书中的传世教条有着密切的关系，他说："人人尊之用之，国就强盛；一家用之，家业兴旺，代有贤人和英才。"曾国藩的家书内涵丰富，以上选择了他在修身养性方面的几个段落，只是曾国藩为人处世的一个窗口，他的勤奋、自勉、立德、立功、立言的主张都值得后人学习。

读懂 小古文 爱上 大语文

龚自珍：书香门第，仕途不顺

龚自珍（1792—1841），字璱人，号定盦，浙江仁和（今杭州）人，清代思想家、文学家和改良主义的先驱者。他出身于官僚士大夫家庭，自幼便受到深厚的文化教育，讲求经世致用，力主政治改革。先后任内阁中书、礼部主事等京官。由于不满朝政，又不断受到保守势力的排挤和迫害，48岁那年愤然辞官南归，50岁时去世。他的散文成就很大，多表现社会现实、政治思想，气势磅礴，辞采瑰丽。著有《龚自珍全集》。

龚自珍生活在腐朽没落的清朝晚期，他看到了人民的痛苦和灾难，因此切望革除弊政，复兴国家。对外，他主张坚决抵御帝国主义的侵略，甚至打算亲自去前线参与抗英斗争，主张巩固西北边防。他的思想对后来康有为、梁启超等人领导维新运动有着重要的影响。

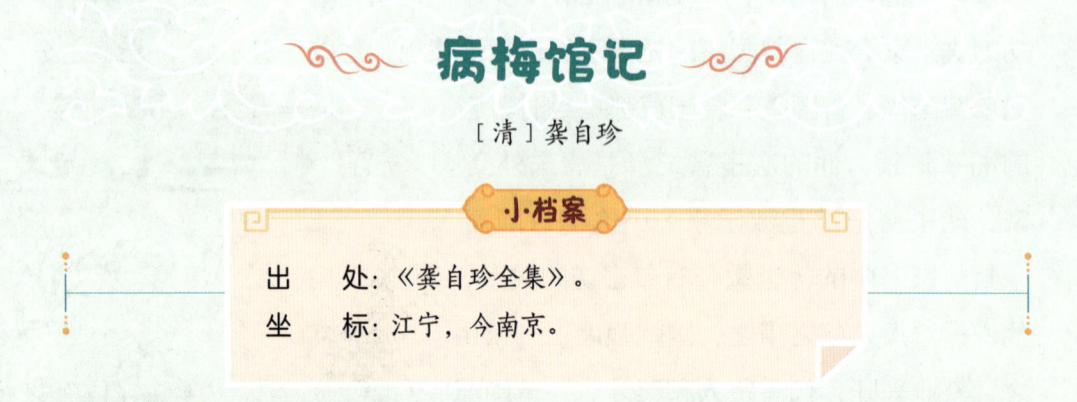

病梅馆记

〔清〕龚自珍

小·档案

出　　处：《龚自珍全集》。
坐　　标：江宁，今南京。

江宁之龙蟠①，苏州之邓尉②，杭州之西溪③，皆产梅。或曰："梅以曲为美，直则无姿；以欹（qī）④为美，正则无景；以疏为美，密则无态。"固也⑤。此文人画士，心知其意，未可明诏大号⑥，以绳⑦天下之梅也；又不可以使天下之民斫（zhuó）⑧直、删密、锄正，以夭梅、病梅⑨为业

140

以求钱也；梅之欹、之疏、之曲，又非蠢蠢求钱之民，能以其智力为也。有以文人画士孤癖⑩之隐⑪，明告鬻（yù）⑫梅者，斫其正，养其旁条⑬，删其密，夭其稚枝，锄其直，遏（è）其生气，以求重价，而江、浙之梅皆病。文人画士之祸之烈至此哉！

【注释】①[龙蟠]龙蟠里，在今南京清凉山下。②[邓尉]山名。在今江苏苏州西南。③[西溪]地名。在今杭州灵隐山西北。④[欹]倾斜。⑤[固也]本来如此。固，本来，必。⑥[明诏大号]公开宣告，大声疾呼。明，公开。诏，告诉，一般指上告下。号，疾呼，喊叫。⑦[绳]名词作动词用，约束。⑧[斫]砍削。⑨[夭梅、病梅]摧折梅，把它弄成病态。夭，使……摧折（使……弯曲）。病，使……成为病态。⑩[孤癖]特殊的嗜好。⑪[隐]隐衷，隐藏心中特别的嗜好。⑫[鬻]卖。⑬[旁条]旁逸斜出的枝条。

予购三百盆，皆病者，无一完者。既泣之三日，乃誓疗之：纵之，顺之。毁其盆，悉埋于地，解其棕缚①，以五年为期，必复之，全②之。予本非文人画士，甘受诟厉③，辟病梅之馆以贮之。

【注释】①[棕缚]棕绳的束缚。②[全]使……得以保全。③[诟厉]讥评，辱骂。厉，发怒。

呜呼！安得使予多暇日，又多闲田，以广贮江宁、杭州、苏州之病梅，穷予生之光阴以疗梅也哉！

译文

江宁的龙蟠里，苏州的邓尉山，杭州的西溪，都出产梅树。有人说："梅树弯曲的姿态是美丽的，笔直就没有风姿；枝干倾斜是美丽的，端正就没有景致；枝叶稀疏是美丽

的，茂密了就没有姿态。"本来就是如此。这个道理，文人画家内心明白，却不可以公开宣告、大声疾呼，用这个标准来约束全天下的梅树。又不可能让天下人砍掉梅树笔直的枝条、除去繁密的枝叶、锄掉端正的枝干，以摧残梅树作为事业来换取钱财。梅树枝干的倾斜、枝叶的稀疏、枝条的弯曲，又不是那些忙忙碌碌赚钱的人凭借他们的才智与力量就能做到的。有的人把文人画士内心的特殊癖好，明明白白告诉卖梅树的人，使他们砍掉端正的枝干，培养倾斜的侧枝，除掉茂密的枝叶，折断它的嫩枝，砍削笔直的枝条，阻碍它的生机，用这样的方法来谋求大价钱，于是江苏、浙江一带的梅都成病态了。文人画家造成的祸患厉害到这个地步啊！

我买了三百盆梅，都是病态的，没有一盆完好的。我已经为它们哭泣了好几天，发誓要治疗它们：放开它们的束缚，让它们顺其自然地生长，毁掉那些盆子，把梅树全部栽种在地上，解开捆绑枝条的棕绳；用五年作为期限，一定恢复它们、保全它们。我本来就不是文人画家，甘愿受到辱骂，我也要开辟病梅馆来贮存它们。

唉！怎么才能让我有更多的闲余时间，又能多一些空闲的田地，来广泛贮存南京、杭州、苏州的病梅树，穷尽我一生的时光来治疗病梅呢！

欣赏文言之美

全文共三段。第一段，剖析产生病梅的根由。第二段，表明自己疗梅的行动和决心。第三段，抒写自己辟馆疗梅的更大愿景。由赏梅写到病梅，最后写到疗梅，看起来都是在写梅花，实则托物言志，针砭时弊，有力抨击了"文人画士"的不良习惯与风气：士大夫的病态标准扼杀了梅花的天性，摧残了梅花的生长。作者真正的意图，是透过植梅、养梅、品梅、疗梅的生活琐事，由小见大，揭露和抨击清朝封建统治者压抑、摧残人才的罪行，以此表达破除封建束缚、追求个性解放的鲜明政治观点和主张。

梁启超：育有九子皆成才

梁启超（1873—1929），字卓如，号任公，又号饮冰室主人，广东新会人，清朝光绪年间举人，中国近代思想家、政治家、教育家、史学家、文学家，戊戌变法（百日维新）领袖之一。他倡导新文化运动，支持五四运动，著作合编为《饮冰室合集》。梁启超的九个孩子个个俊秀，皆成大才，这得益于他的教育。他曾在一次演讲中提到，人要具备三德：智、仁、勇，实现的状态便是"智者不惑，仁者不忧，勇者不惧"。

少年中国说（节选）

[清] 梁启超

小档案

出　　处：《清议报》。
文　　体：政论文。

　　故今日之责任，不在他人，而全在我少年。少年智则国智，少年富则国富，少年强则国强，少年独立则国独立，少年自由则国自由，少年进步则国进步，少年胜于欧洲则国胜于欧洲，少年雄于地球则国雄于地球。

　　红日初升，其道大光。河出伏流，一泻汪洋。潜龙腾渊，鳞爪飞扬。乳虎啸谷，百兽震惶。鹰隼（sǔn）试翼，风尘吸张[1]。奇花初胎，矞矞（yù yù）皇皇[2]。干将发硎（xíng），有作其芒[3]。天戴其苍，地履其黄[4]。纵有千古，横有八荒[5]。前途似海，来日方长。

　　美哉，我少年中国，与天不老！壮哉，我中国少年，与国无疆！

【注释】①[鹰隼试翼，风尘吸张]鹰隼展翅试飞，掀起狂风，飞沙走石。隼，一种凶猛的鸟。②[奇花初胎]华美瑰丽，富丽堂皇。③[干将发硎，有作其芒]宝剑在磨刀石上磨出来，发出耀眼的光芒。干将，古代宝剑名。硎，磨刀石。④[天戴其苍，地履其黄]头顶着苍天，脚踏着黄土大地。⑤[八荒]指东、南、西、北、东南、东北、西南、西北八个方向上极远的地方。

译文

所以说今天的责任，不在别人身上，全在我们少年身上。少年聪明国家就聪明，少年富裕国家就富裕，少年强大国家就强大，少年独立国家就独立，少年自由国家就自由，少年进步国家就进步，少年胜过欧洲，国家就胜过欧洲，少年称雄于世界，我们国家就称雄于世界。

红日刚刚升起，道路充满霞光。黄河从地下冒出来，汹涌浩荡。潜龙从深渊中腾跃而起，它的鳞爪舞动飞扬。小老虎在山谷吼叫，所有的野兽都惊慌害怕。雄鹰隼鸟振翅欲飞，风和尘土高卷飞扬。奇花刚开始孕起蓓蕾，灿烂明丽、茂盛茁壮。干将剑新磨，闪射出光芒。头顶着苍天，脚踏着大地。纵看有悠久历史，横看有辽阔疆域。前途像海一般宽广，未来的日子无限远长。

美丽啊我的少年中国，将与天地共存不老！雄壮啊我的中国少年，他们的精神与胸襟将和祖国大地一样博大辽阔！

欣赏文言之美

《少年中国说》是梁启超的代表作之一，当时发表在《清议报》上，影响很大，本文节选了尾声处最精彩的部分。作者将爱国激情的抒发，与启蒙思想的宣传结合起来，提出了"今日之责任，不在他人，而全在我少年"的政治主张，寄托了他渴望祖国繁荣昌盛的爱国思想和乐观的民族自信心。

林觉民：黄花岗七十二烈士之一

林觉民（1887—1911），字意洞，号抖飞，又号天外生。福建闽县（今福州）人。幼年过继给叔父为子。嗣父林孝颖是当时福建的一位名士，擅长诗赋。林觉民在林孝颖启蒙下研习国文，读书过目不忘，尤其爱读庄子的文章和屈原的《离骚》。少年之时，林觉民便接受民主革命思想，推崇自由平等学说。1907年林觉民东渡日本自费留学，期间加入同盟会。1911年春回国，4月24日在香港，林觉民深夜在手帕上写下了给父亲的《禀父书》和给妻子的《与妻书》。4月27日，广州起义中他负伤被捕，数日后就义。为黄花岗七十二烈士之一。

与妻书

［清］林觉民

小档案

出　　处：《广州三月二十九革命史》。
坐　　标：广州。
文　　体：书信。

意映卿卿如晤[1]：吾今以此书与汝永别矣！吾作此书时，尚是世中一人；汝看此书时，吾已成为阴间一鬼。吾作此书，泪珠和笔墨齐下，不能竟[2]书而欲搁笔，又恐汝不察吾衷，谓吾忍舍汝而死，谓吾不知汝之不欲吾死也，故遂忍悲为汝言之。

【注释】①［意映卿卿如晤］意思如同"我妻见字如面"。意映，作者妻子的名字。卿卿，旧时夫对妻的爱称。如晤，如同见面，旧时书信用语。②［竟］完成。

吾至爱汝，即此爱汝一念，使吾勇于就死也。吾自遇汝以来，常愿天下有情人都成眷属；然遍地腥云，满街狼犬，称心快意，几家能彀(gòu)[1]？司马春衫[2]，吾不能学太上之忘情[3]也。语云：仁者"老吾老以及人之老，幼吾幼以及人之幼"。吾充[4]吾爱汝之心，助天下人爱其所爱，所以敢先汝而死，不顾汝也。汝体吾此心，于啼泣之余，亦以天下人为念，当亦乐牺牲吾身与汝身之福利，为天下人谋永福也。汝其勿悲！

【注释】【注释】[1][彀]同"够"。[2][司马春衫]出自唐白居易《琵琶行》："座中泣下谁最多？江州司马青衫湿。"比喻极度悲伤。春衫，应为"青衫"。[3][太上之忘情]意思是修养高的人，忘了喜怒哀乐。[4][充]扩充。

汝忆否？四五年前某夕，吾尝语曰："与使[1]吾先死也，无宁[2]汝先吾而死。"汝初闻言而怒，后经吾婉解，虽不谓吾言为是，而亦无词相答。吾之意盖谓以汝之弱，必不能禁失吾之悲，吾先死，留苦与汝，吾心不忍，故宁请汝先死，吾担悲也。嗟夫！谁知吾卒先汝而死乎？

【注释】[1][与使]与其。[2][无宁]不如。

吾真真不能忘汝也！回忆后街之屋，入门穿廊，过前后厅，又三四折，有小厅，厅旁一室，为吾与汝双栖之所。初婚三四个月，适冬之望日前后，窗外疏梅筛月影，依稀掩映；吾与并肩携手，低低切切，何事不语？何情不诉？及今思之，空余泪痕。又回忆六七年前，吾之逃家复归也，汝泣告我："望今后有远行，必以告妾，妾愿随君行。"吾亦既许汝矣。前十余日回家，即欲乘便以此行之事语汝，及与汝相对，又不能启口，且以汝之有身[1]也，更恐不胜悲，故惟日日呼酒买醉。嗟夫！当时余心之悲，盖不能以寸管[2]形容之。

【注释】[1][有身]有身孕。[2][寸管]指毛笔。

吾诚愿与汝相守以死，第[1]以今日事势观之，天灾可以死，盗贼可以死，瓜分之日可以死，奸官污吏虐民可以死，吾辈处今日之中国，国中无地无时不可以死。到那时使吾眼睁睁看汝死，或使汝眼睁睁看吾死，吾能之乎？抑②汝能之乎？即可不死，而离散不相见，徒使两地眼成穿而骨化石③，试问古来几曾见破镜能重圆？则较死为苦也，将奈之何？今日吾与汝幸双健。天下人之不当死而死与不愿离而离者，不可数计，钟情如我辈者，能忍之乎？此吾所以敢率性④就死不顾汝也。吾今死无余憾，国事成不成自有同志者在。依新⑤已五岁，转眼成人，汝其善抚之，使之肖⑥我。汝腹中之物，吾疑其女也，女必像汝，吾心甚慰。或又是男，则亦教其以父志为志，则吾死后尚有二意洞在也。甚幸，甚幸！吾家后日当甚贫，贫无所苦，清静过日而已。

【注释】①[第]只是。②[抑]还是。③[骨化石]古代传说，有一男子外出未归，其妻天天登山远望，日久天长变成了一块石头，后人称之为"望夫石"。④[率性]任性。⑤[依新]作者的儿子。⑥[肖]像。

吾今与汝无言矣。吾居九泉之下遥闻汝哭声，当哭相和也。吾平日不信有鬼，今则又望其真有。今人又言心电感应有道，吾亦望其言是实，则吾之死，吾灵尚依依旁（bàng）①汝也，汝不必以无侣悲。

【注释】①[旁]靠近。

吾平生未尝以吾所志语汝，是吾不是处；然语之，又恐汝日日为吾担忧。吾牺牲百死而不辞，而使汝担忧，的的（dí dí）①非吾所忍。吾爱汝至，所以为汝谋者惟恐未尽。汝幸而偶②我，又何不幸而生今日之中国！吾幸而得汝，又何不幸而生今日之中国！卒不忍独善其身。嗟夫！巾③短情长，所未尽者，尚有万千，汝可以模拟④得之。吾今不能见汝矣！汝不能舍吾，其时时于梦中得我乎？一恸⑤。辛未⑥三月念⑦六夜四鼓⑧，意洞手书。

【注释】①[的的]实在，的确。②[偶]婚配，嫁给。③[巾]这封信写在一条白布方巾上，故云。④[模拟]想象，揣摩。⑤[一恸]大恸。⑥[辛未]应是"辛亥"，即1911年。⑦[念]俗同"廿"，二十。⑧[四鼓]四更天，凌晨一至三时。

家中诸母①皆通文，有不解处，望请其指教，当尽吾意为幸。

【注释】①[诸母]各位伯母、叔母。

译文

意映爱妻，见字如面：我今天用这封书信和你永别了！我写这封信的时候，还是世上的一个人，你看到这封信的时候，我已经成为阴间的一个鬼。我写这封信时，泪珠和笔端的墨水一齐落下，写不下去时总想着停笔不写了，又恐怕你不能体察我的苦衷，以为我忍心舍弃你而死，以为我不知道你不希望我死，于是就强忍着悲痛给你写完。

我极其爱你，就是这爱你的念头，使我有赴死的勇气。我自从遇到你，常常希望天下的有情人都能够成为一家人；然而遍地都是血腥，满大街都是狼犬，又有几家人能够称心如意地过日子呢？我只能像白居易那样泪湿青衫，而不能学古代无欲无求的圣人超然忘情。古话说：有仁爱之心的人"敬爱自家的老人，从而推广到敬爱别家的老人；爱护自家的幼儿，从而推广到爱护别家的幼儿"。我扩充爱你的心，帮助天下人都能爱自己所爱的人，所以我敢先于你而死，也就不能顾及你了。你要体谅我的苦心，在哭泣流泪之余，也要为全天下人着想，你一样会乐于牺牲了我和你个人的幸福，为天下人谋求永久的幸福的。你可不要悲伤啊！

你还记得吗？四五年前的某个晚上，我曾经说："与其我先死，不如你先于我而死。"你开始听了这种说法很生气，后来经过我委婉地解释，虽然你还是不认为我的话是对的，但也无言应答我。我的意思是说以你的柔弱，必然经受不住失去我的悲痛，我先死会把苦难留给你，我是于心不忍的，所以宁愿让你先死，我来承担失去你之后的悲痛。唉！谁能知道我最终还是先你而死呢？

我真不能忘记你啊！回忆后街的屋子，进入大门穿过走廊，过了前厅后厅，再拐三四个弯，有个小厅，厅旁有个屋子，就是我们共同的居所。新婚后的三四个月，恰好是冬天，每个月的月中，窗户外边月影透过稀疏的梅枝照射下来，隐隐约约，月光和梅花相互遮掩映照；我和你肩靠肩，手拉手，低声私语，我们无话不谈，无情不诉。如今想起这些，脸上只留下泪水的痕迹。又回忆起六七年前，我从家里逃出去又回来，你哭泣着对我说："希望你今后有出远门的行程，必须要告诉我，我愿意跟随你一块走。"我也答应了你。十几天前我回到家中，就想趁着方便把这次行动的事情告诉你，等到跟你面对面，又开不了口，况且因为你已经怀孕了，我更加害怕你经受不住悲痛，所以只有天天买酒喝以求大醉。唉！那时候我内心的痛苦，是不能用这毛笔来描述的。

我的确希望与你相互守护直到死亡，但以今天的局势来看，天灾可以让人死亡，盗贼可以让人死亡，国家被瓜分那天人也会死亡，贪官污吏虐待民众同样会让人死亡，我们这代人身处今天的中国，国内没有哪个地方哪个时间不会导致人的死亡，到那时让我眼睁睁看着你死去，或者让你眼睁睁看着我死去，我能承受么？或者你能承受么？即使可以不死，我们也可能分离不能相会，白白地使两人在不同的地方望眼欲穿，骨头都化成石头，试问自古以来有几个破镜得以重圆、夫妻分离再会的故事？活着分离比死亡更加痛苦，那将要怎么办？今天我跟你有幸双双健在。全天下的人当中，不应当死却死去与不愿意分开却分离的人，多得不能用数字来计算。在我们相爱的世界，又怎能忍受这一切呢？这就是我敢于索性赴死而不顾及你的原因。我现在为革命而死没有遗憾，国家大事成不成功自然有共事的同志在。依新已经五岁，转眼之间就会长大成人，你要好好抚育他，使他像我一样。你肚子里所怀的胎儿，我猜她是个女儿，女儿肯定像你，真是那样的话我的内心非常宽慰。或许他又是个男孩，那么你也要教育他以他们父亲的志向为志向，那样我死之后还有两个林觉民在呢。非常幸运，非常幸运！我们家以后应该会很贫穷，贫穷没有什么痛苦的，清白安静过日子罢了。

　　我现在没有其他话要对你说了。我死后在九泉之下远远地听见你的哭泣之声，也应当会哭着回应你。我平时不相信有鬼神，现在我真的希望有。现在的人又说心电感应是有依据的，我也希望这话是真的。那样我死了，我的灵魂还能依依不舍地伴随在你的身旁，你也就不必因失去伴侣而悲痛了。

　　我向来不曾把我立志奋斗的事业告诉你，这是我不对的地方；然而告诉你，又害怕你天天为我担忧。我为革命事业牺牲，死一百次也不会推辞，可是让你担忧，的的确确是我不能忍受的。我爱你到了极点，所以替你谋划的事情就怕没有拼尽全力。你幸运的是嫁给了我，可又为何这么不幸偏偏生在如今的中国！我幸运的是能娶到你，可又为何如此不幸生在如今的中国！我最终不能忍心只保全我们自身。唉！布巾短小情义深长，没有写完的话，还有成千上万，你可以看着这封信领会出来。我如今不能再见到你了！你想我的时候，大概也会时不时在梦中看到我吧！太悲痛了！辛亥年三月二十六日深夜四更，意洞（林觉民）亲手所写。

家中各位伯母、叔母都通晓文字，你有不理解的地方，还望请她们指点教导。唯愿你能完全理解我的意思，这是我最后的期望。

欣赏文言之美

林觉民的《与妻书》形式上是一封家书，实际上是一篇说理深刻、感人至深的抒情散文，既抒发了对妻子的挚爱之情，也表达了对革命事业的忠诚，将一个民主战士的内心世界表达得淋漓尽致，他的生死观和幸福观也在抒发感情中表达出来了。"吾至爱汝"的深情与"即此爱汝一念，使吾勇于就死"的勇决，如同两种旋律交错并进，使文章既缠绵悱恻，又充满浩然正气。

黄花岗七十二烈士

1911年4月27日，孙中山带领同盟会成员策划了广州起义，林觉民便是同盟会成员之一。革命党先锋队在与清军激战一天一夜后失败，伤亡惨重。起义结束后，革命党人的72具遗体葬在广州东郊黄花岗，称黄花岗七十二烈士。

语文教材古文篇目索引

语文教材古文篇目	作者（出处）	所属年级	本书页码
少年中国说（节选）	梁启超	五年级上册	143
读书须用意，一字值千金	《增广贤文》	六年级下册	98
听君一席话，胜读十年书	《增广贤文》	六年级下册	98
近水知鱼性，近山识鸟音	《增广贤文》	六年级下册	98
书到用时方恨少，事非经过不知难	《增广贤文》	六年级下册	98
狼子野心	纪昀	七年级上册	131
狼	蒲松龄	七年级上册	122
河中石兽	纪昀	七年级下册	133
核舟记	魏学洢	八年级下册	79
湖心亭看雪	张岱	九年级上册	86
送东阳马生序	宋濂	九年级下册	6
促织	蒲松龄	高中必修下册	112
与妻书	林觉民	高中必修下册	145
项脊轩志	归有光	高中选择性必修下册	27